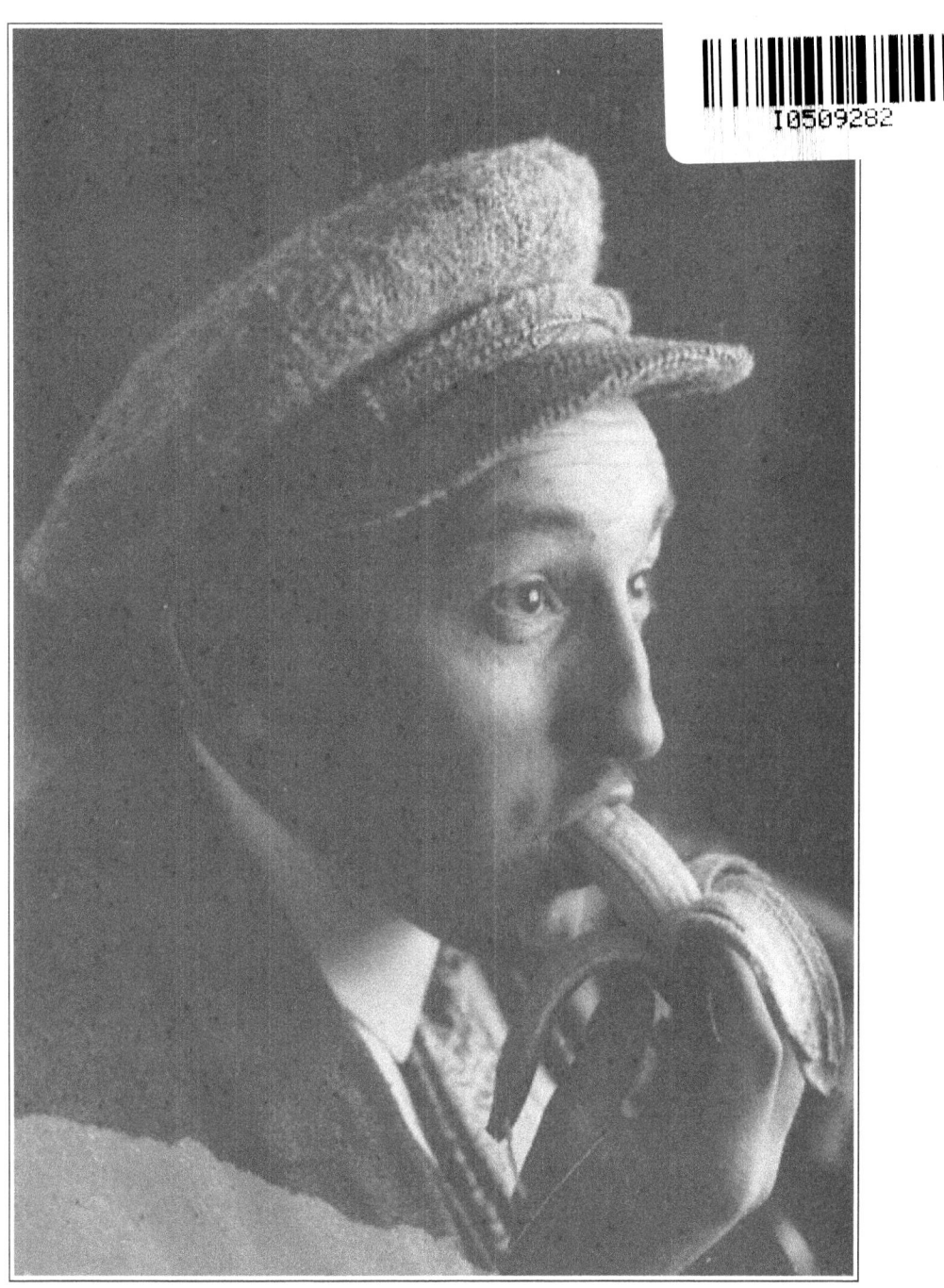

Georges Détrey
Photographe (vol. 1)

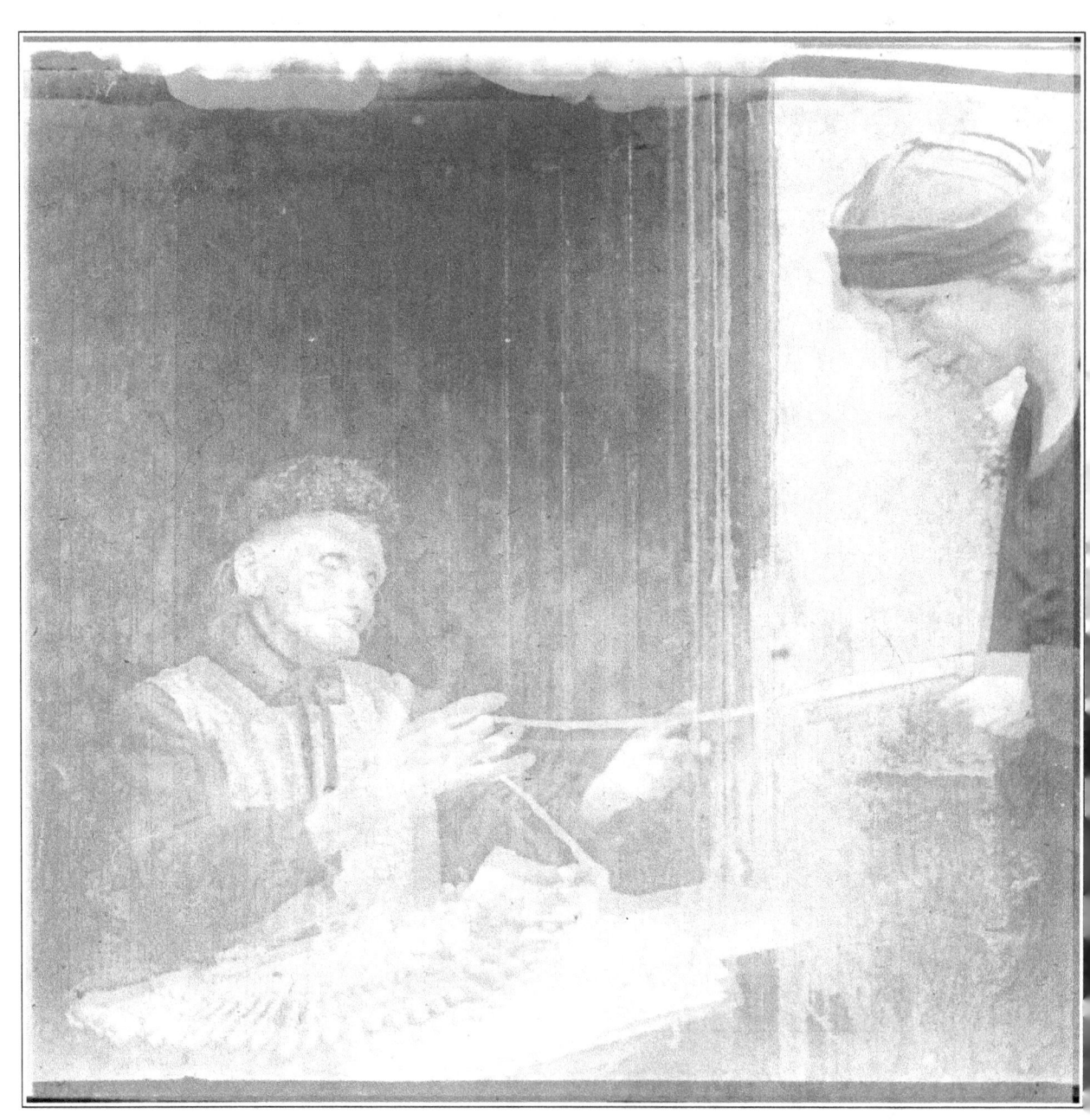

Georges Détrey, photographe

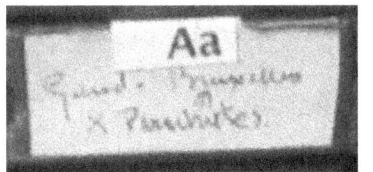

Boîte Aa :
Gand, Bruxelles
& Parachutes

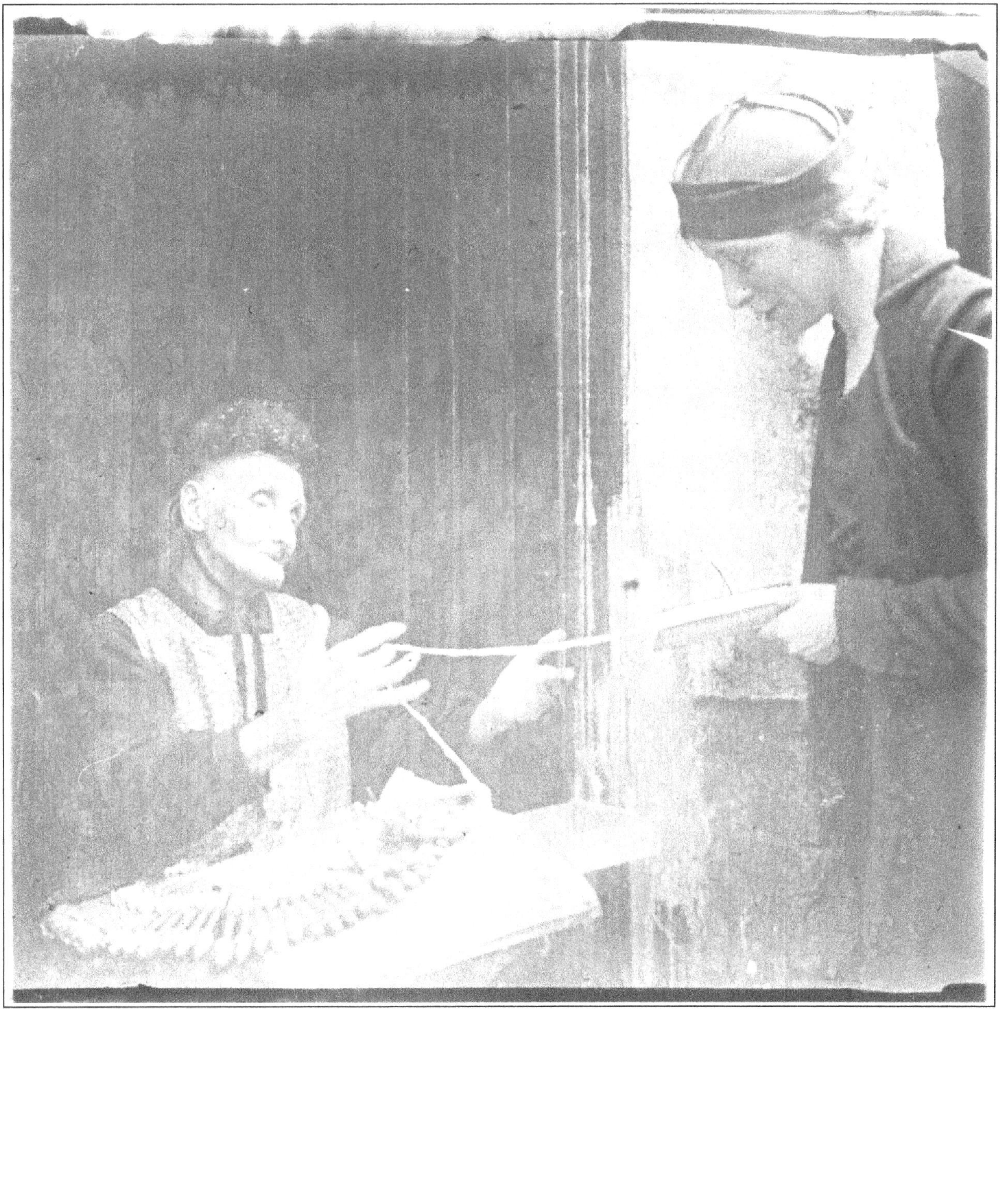

Georges Détrey, photographe

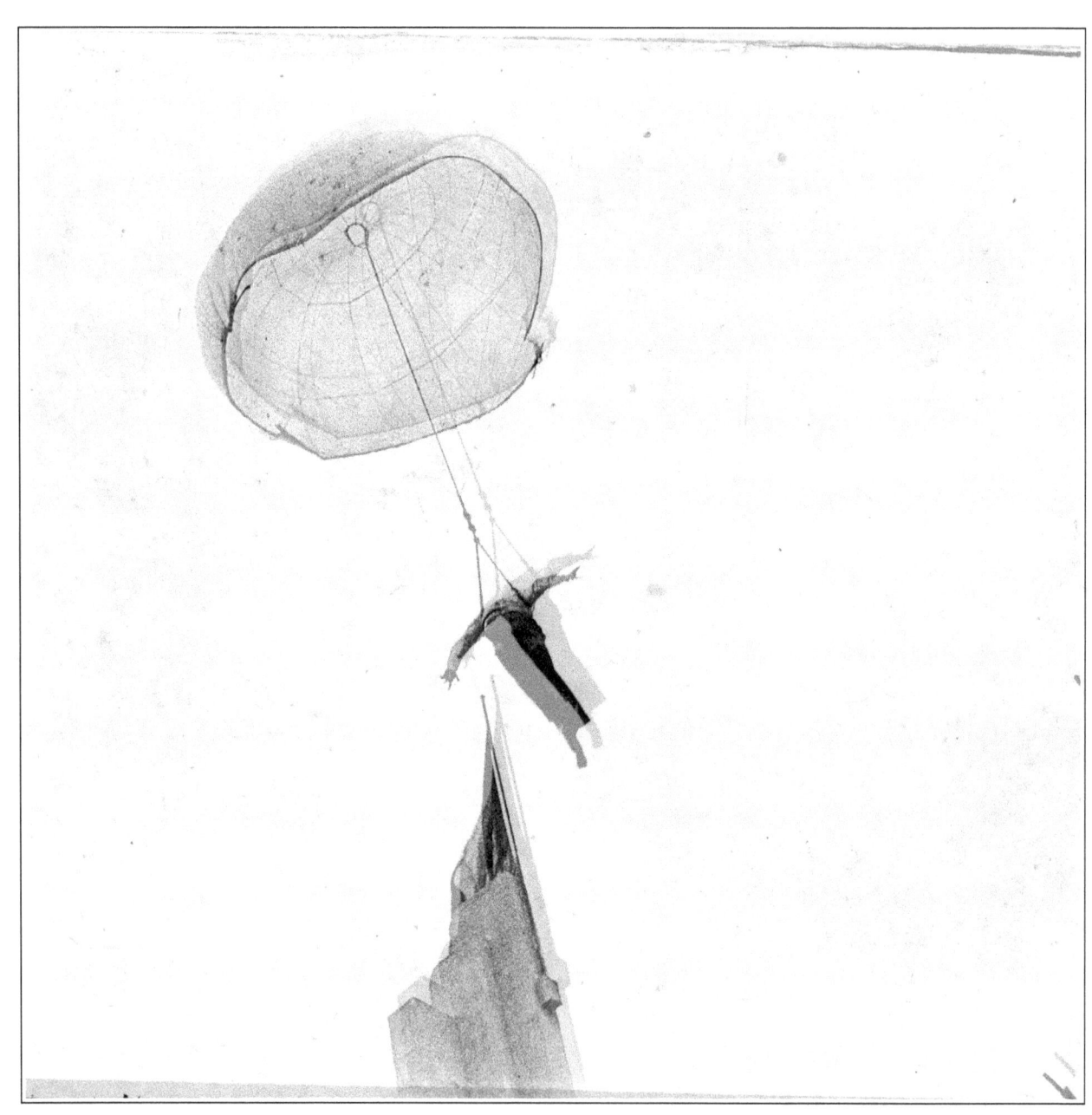

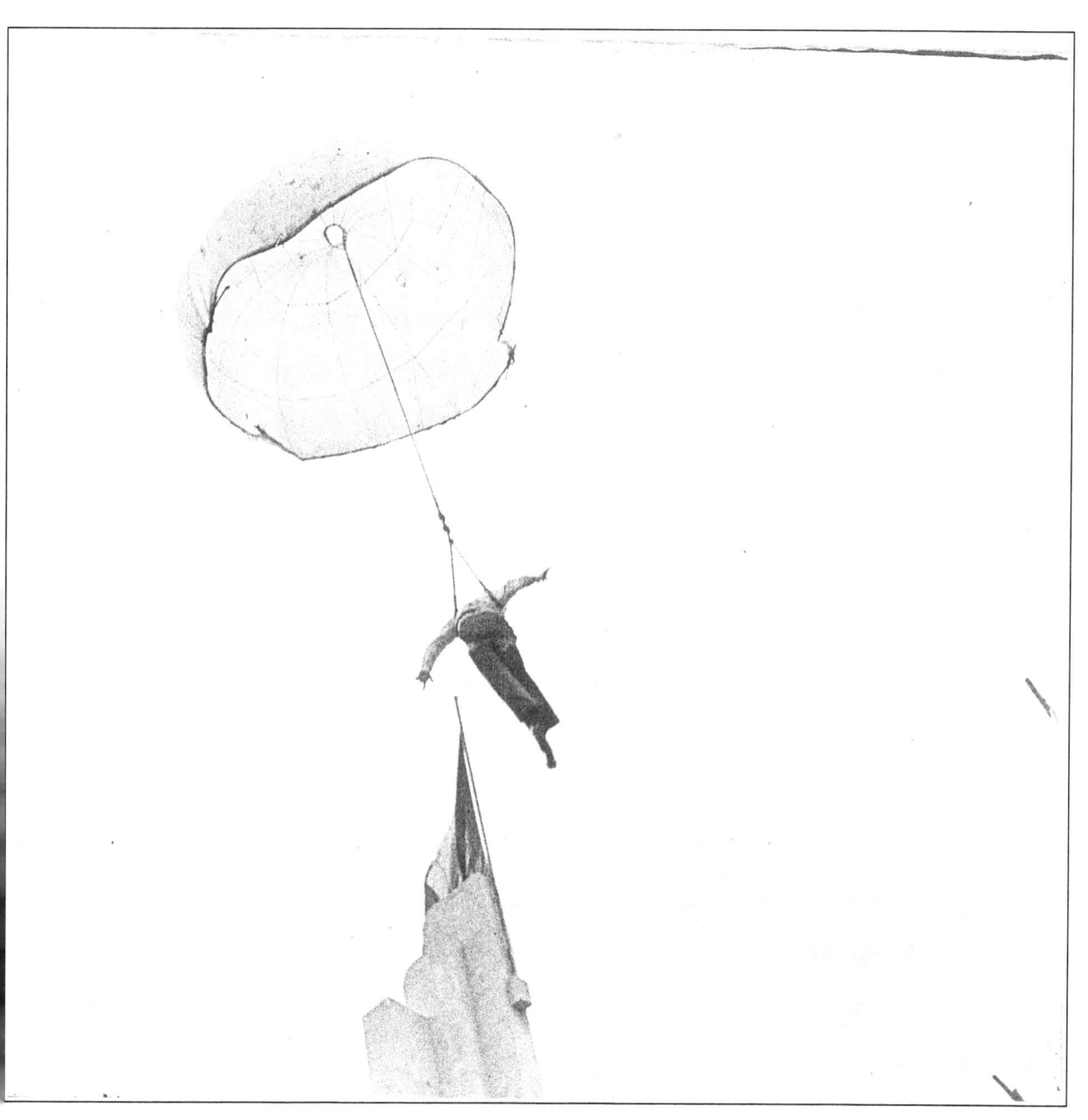

Georges Détrey, photographe

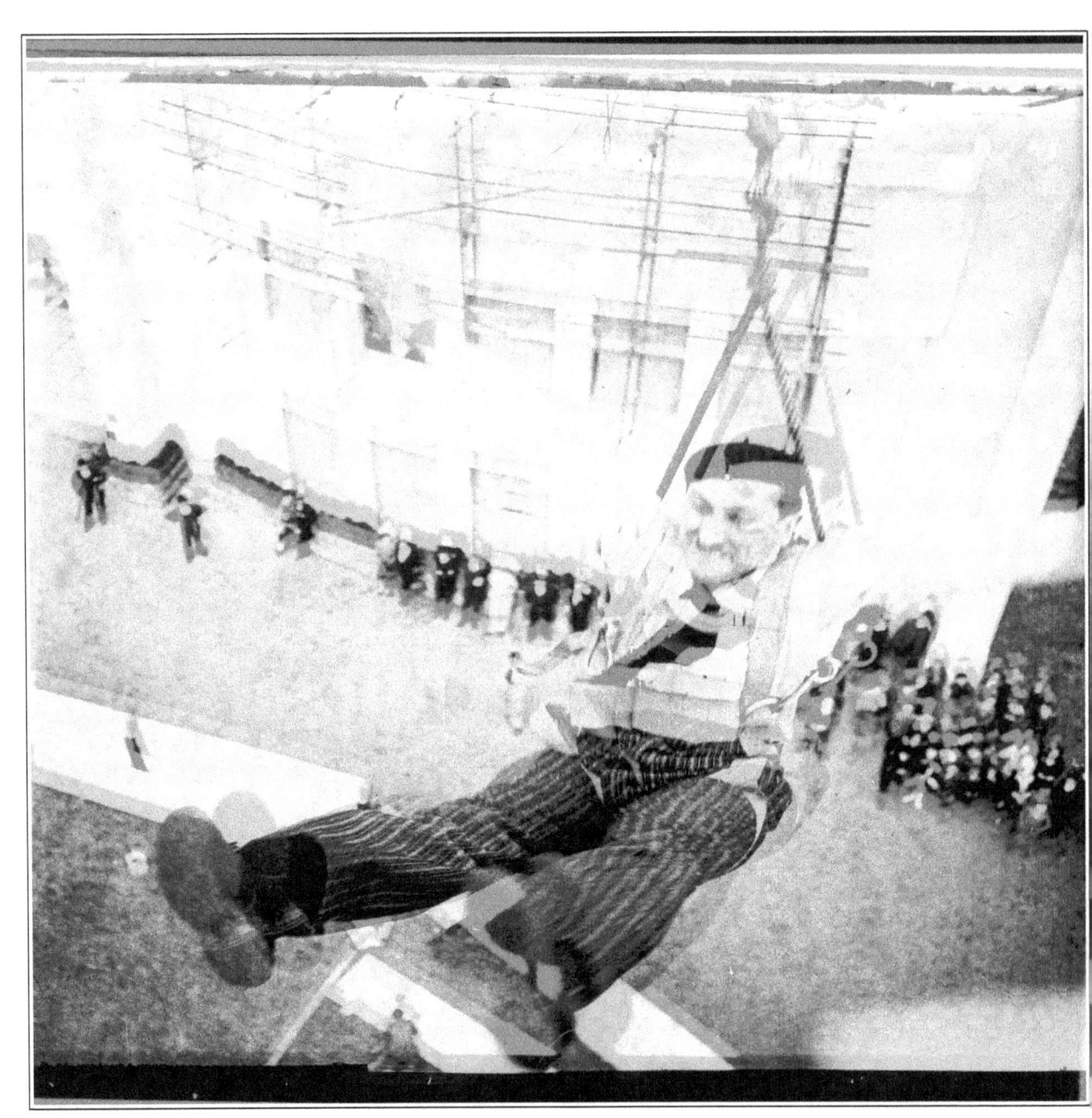

Georges Détrey, photographe

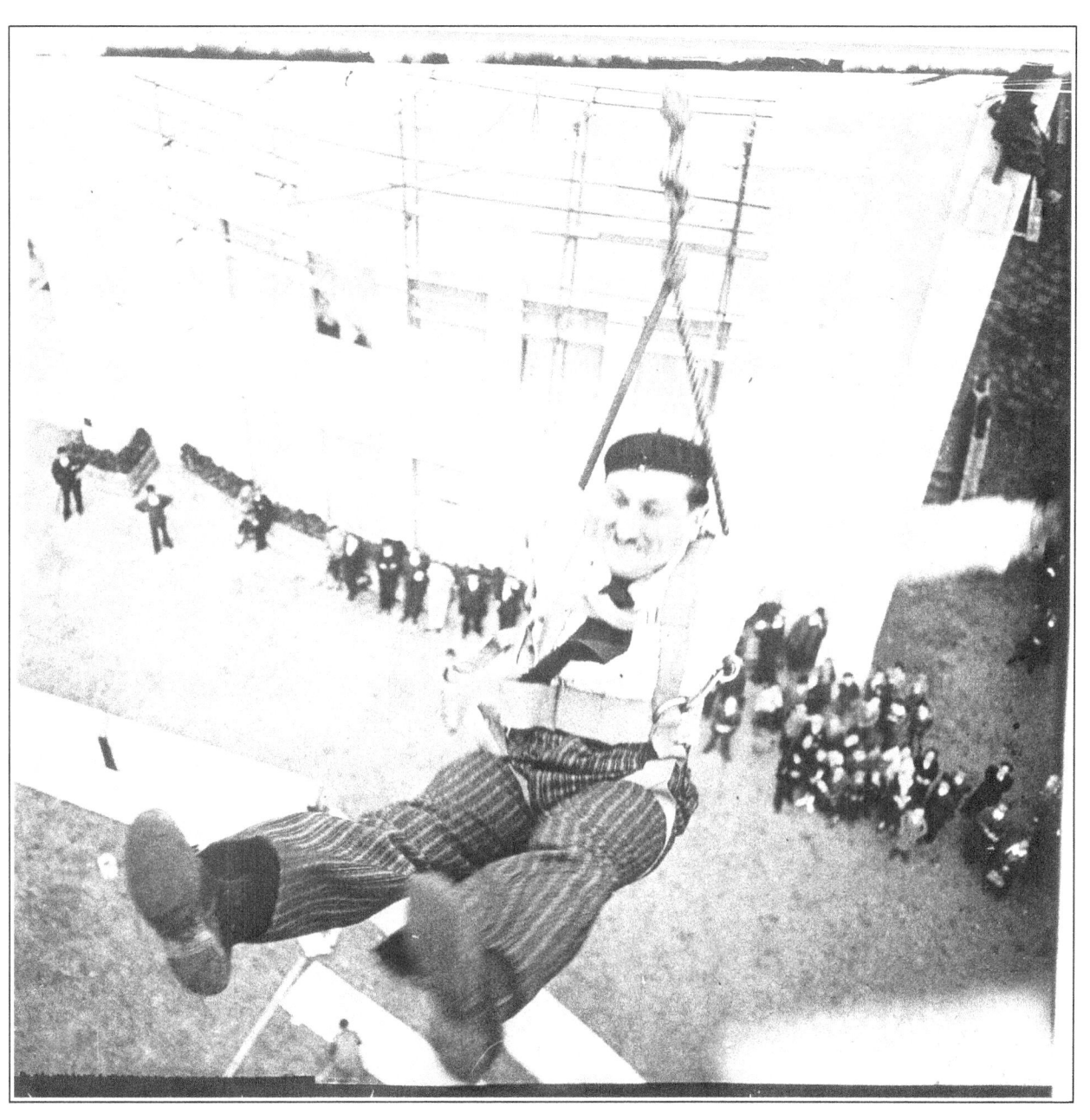

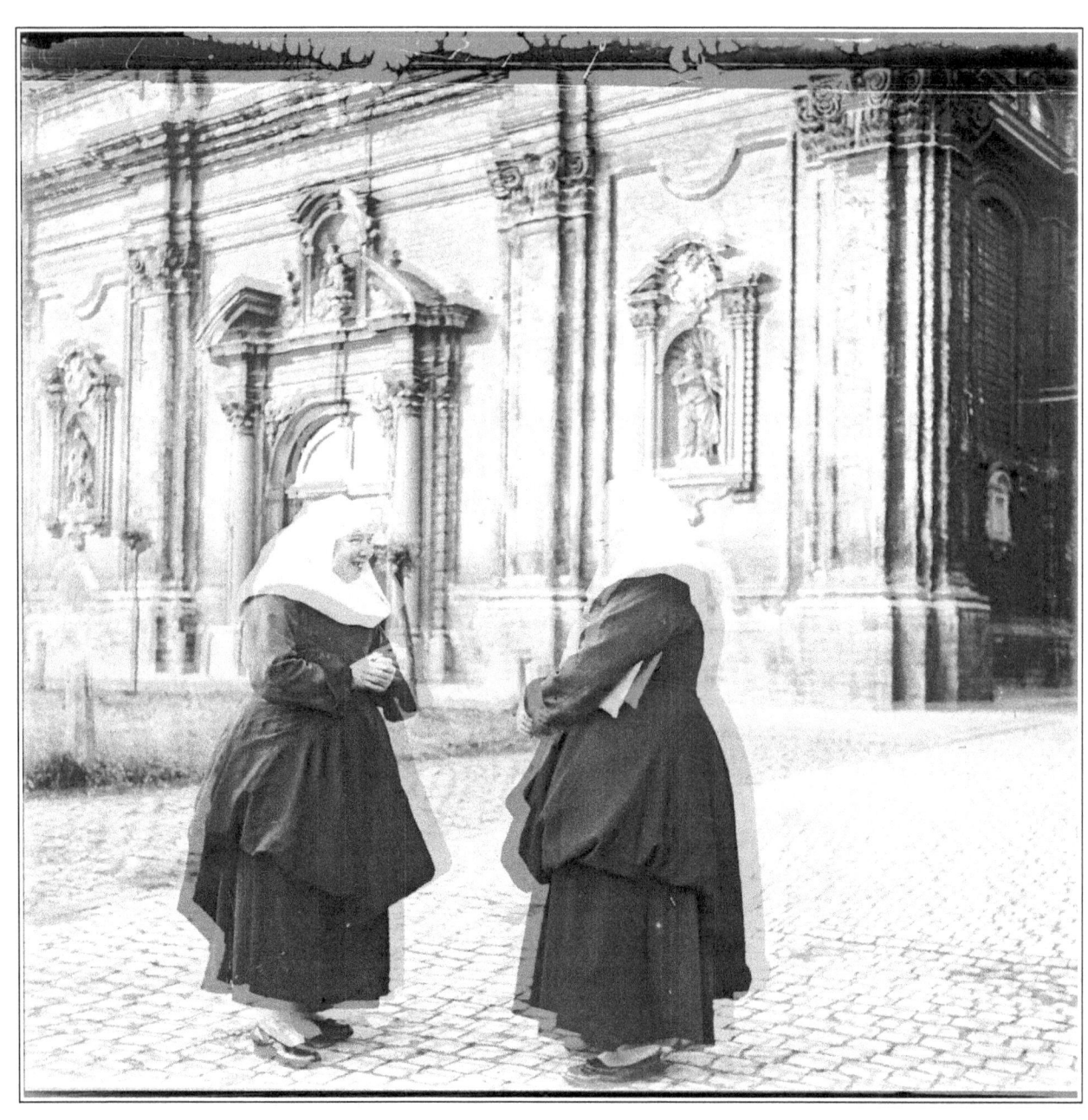

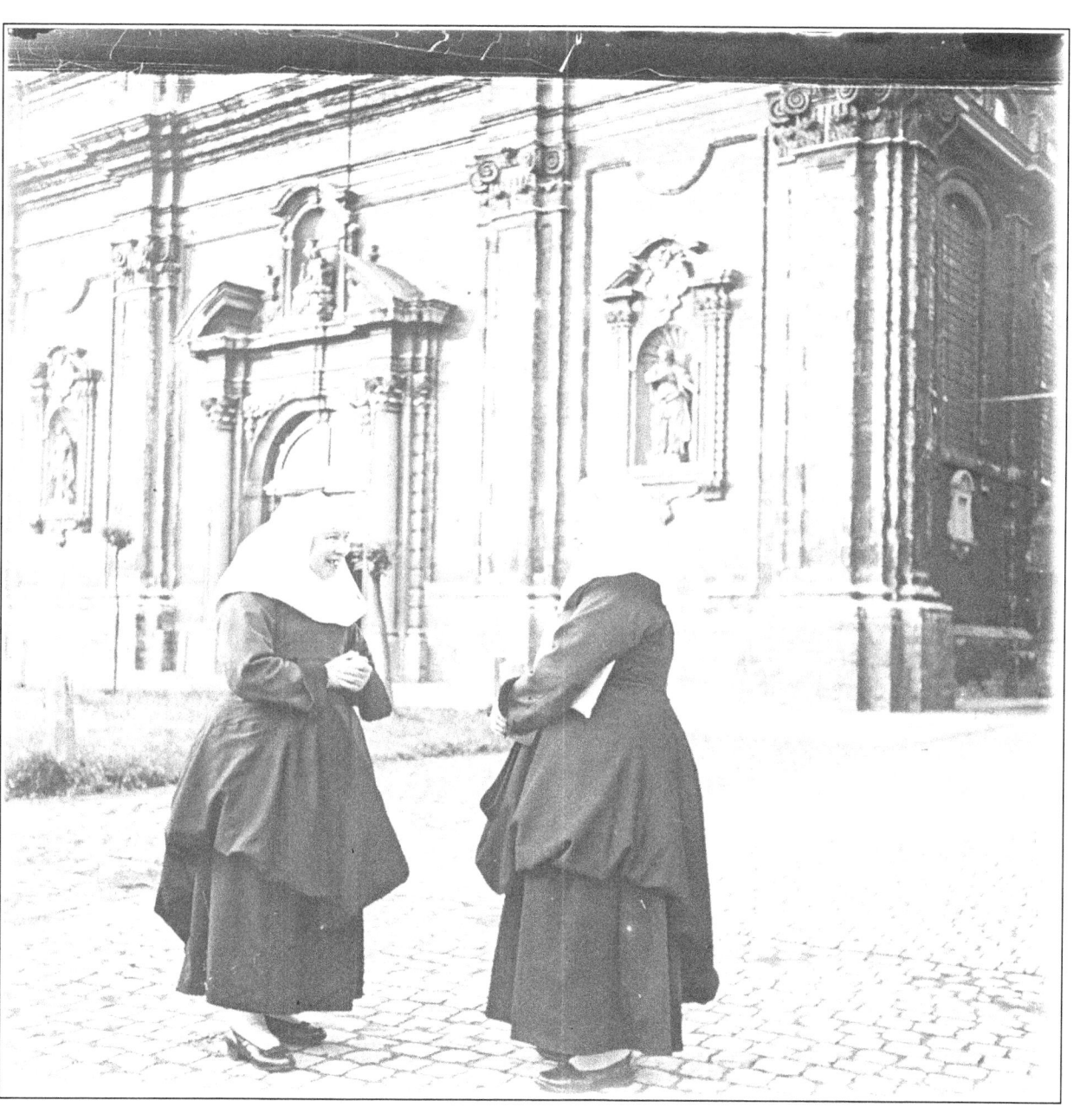

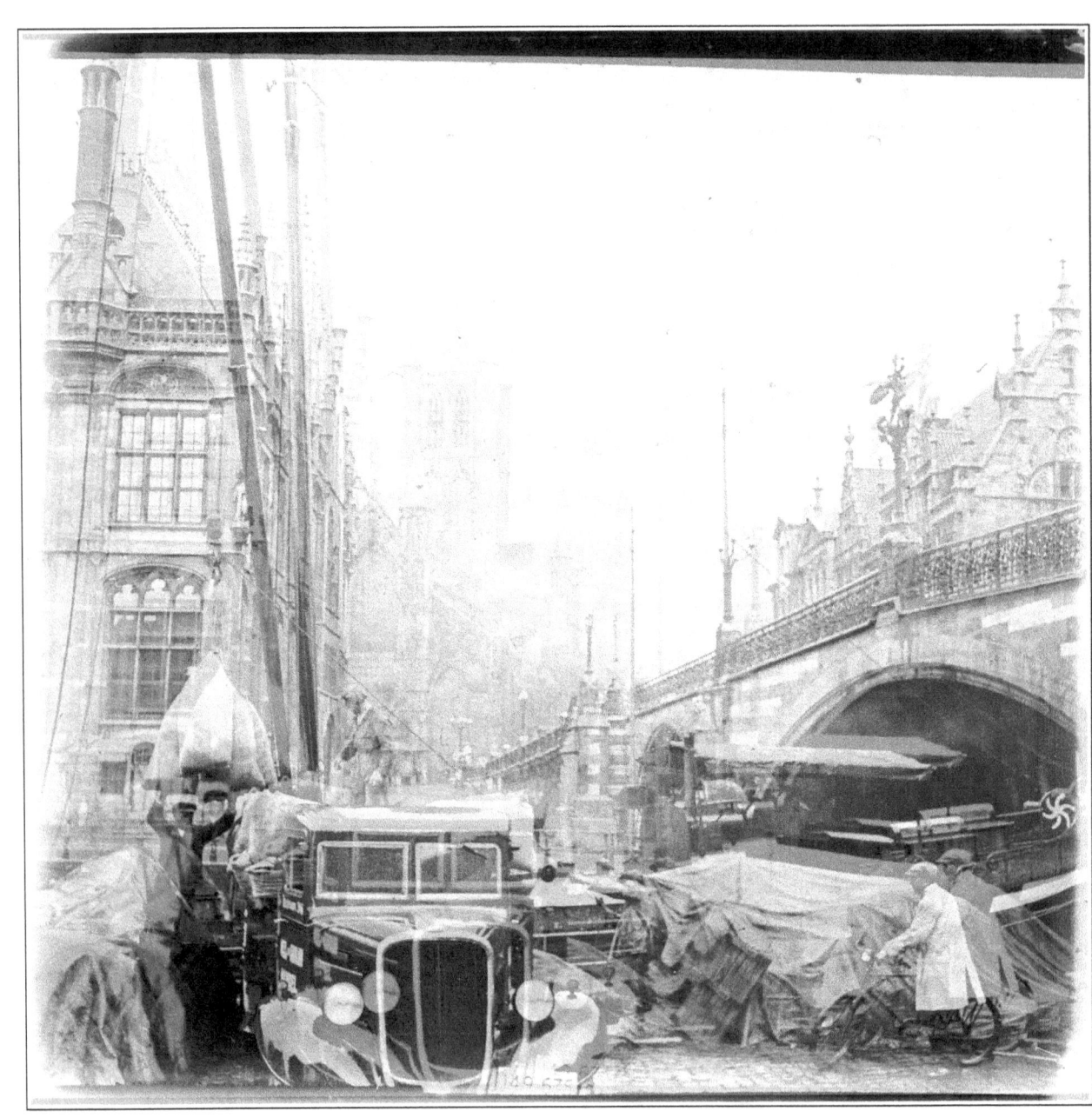

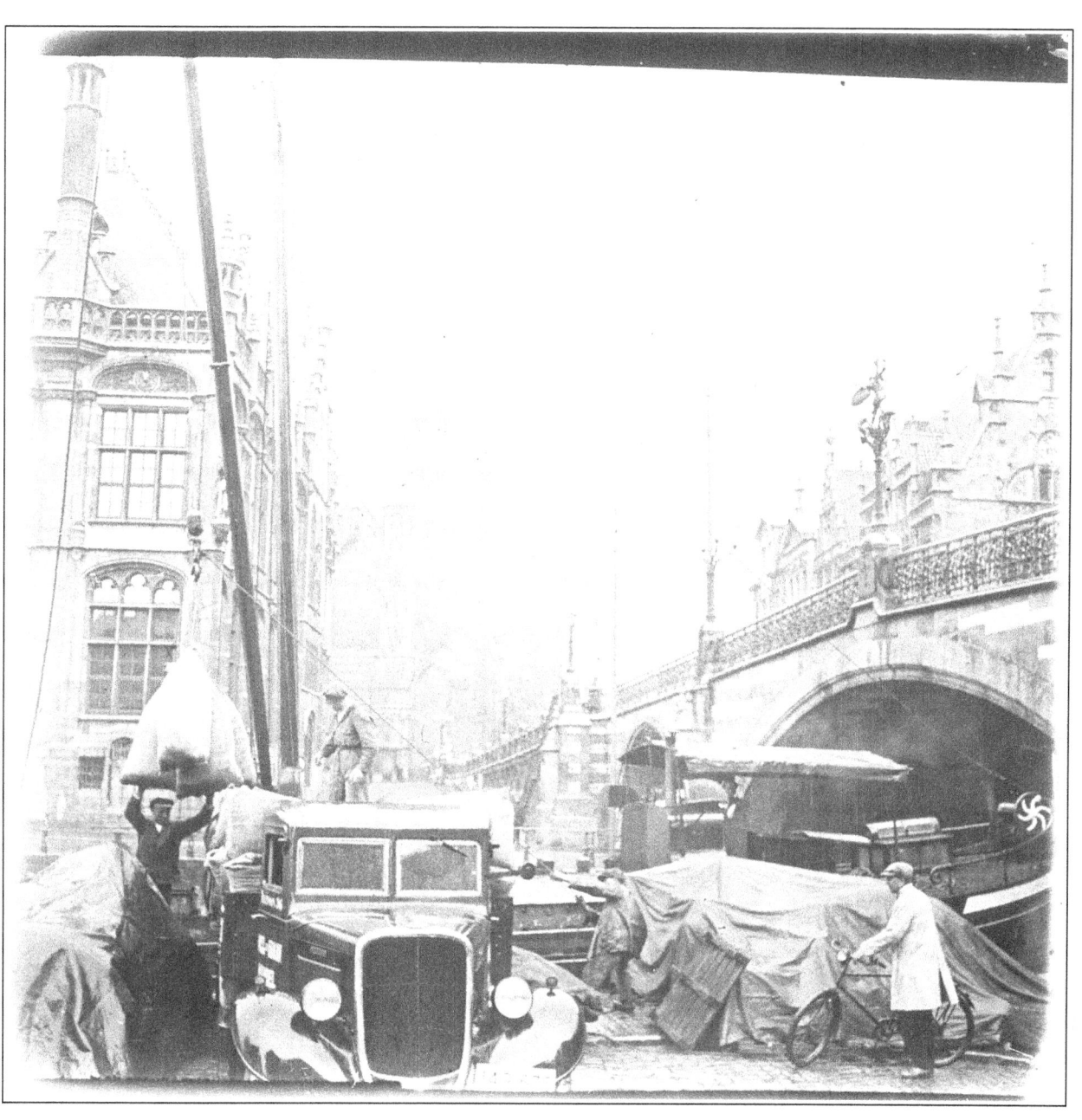

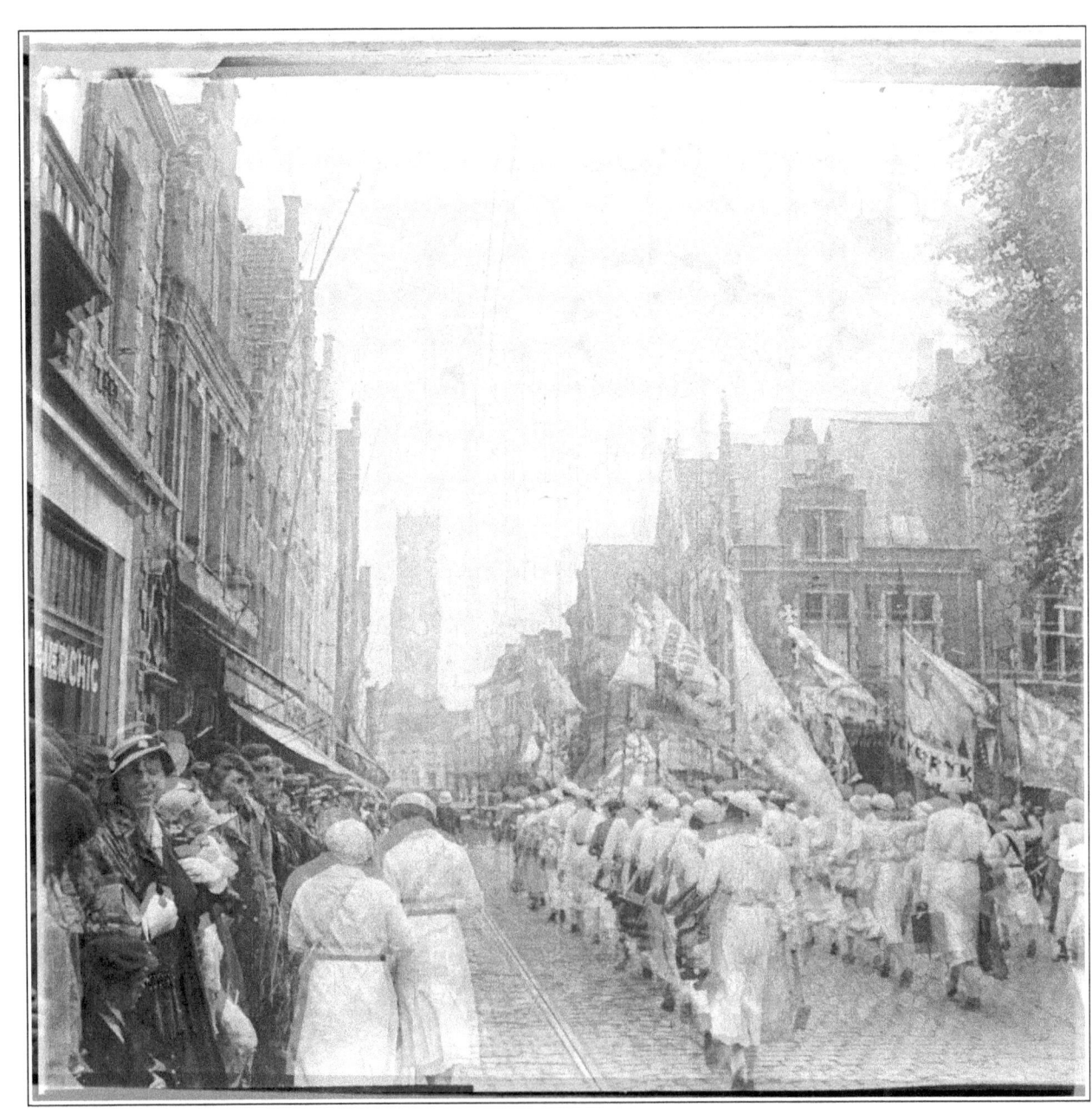

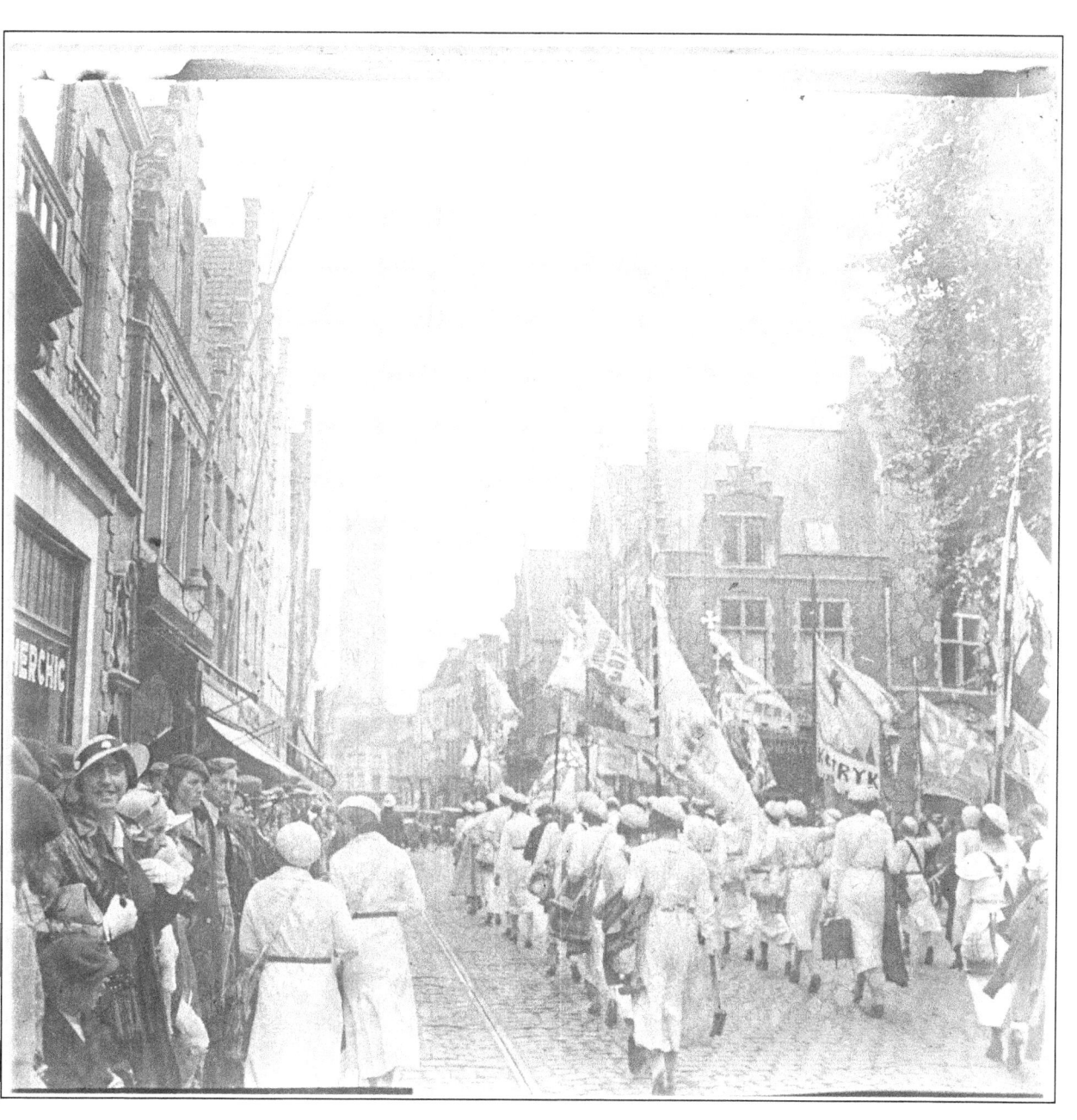

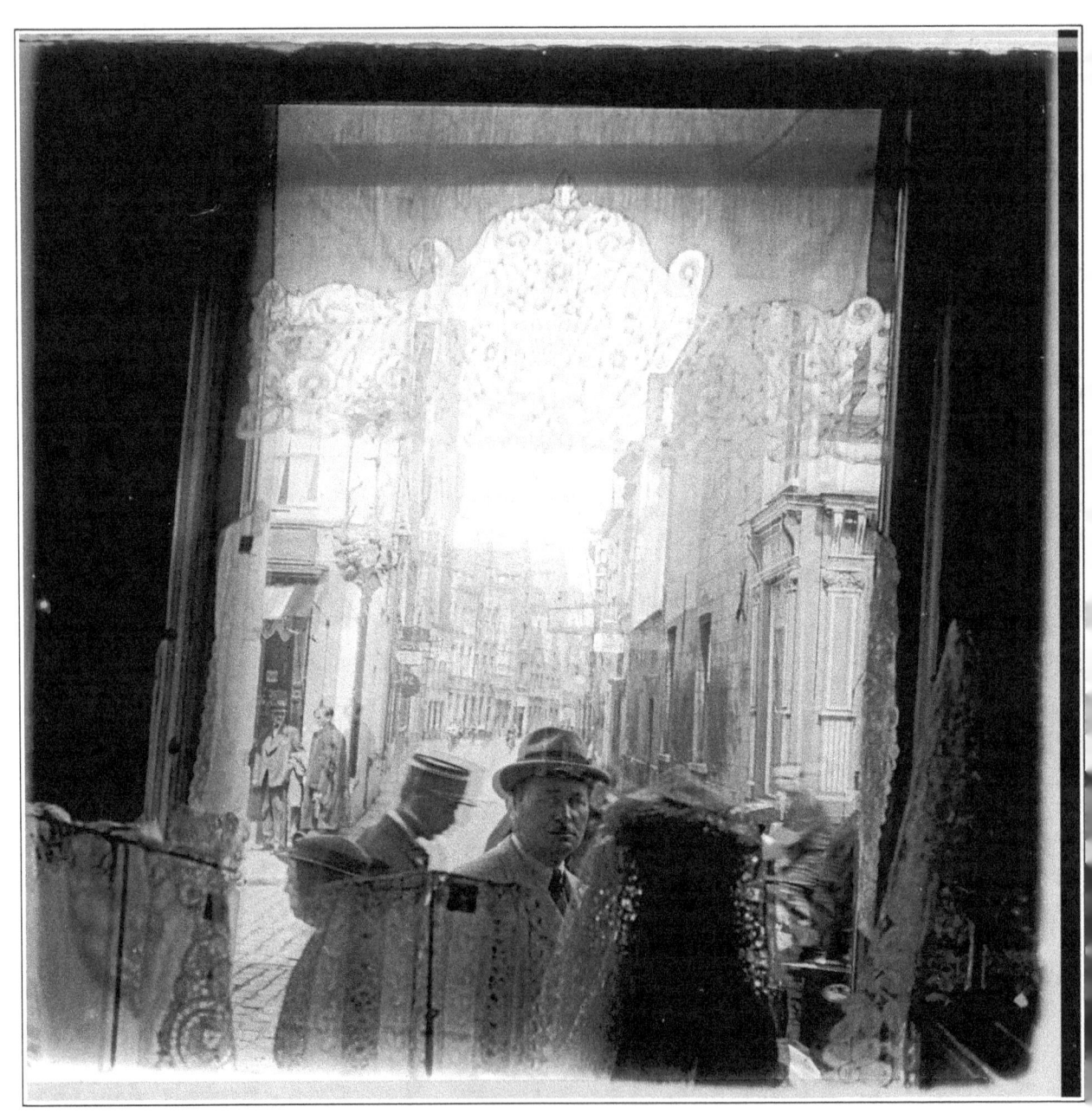

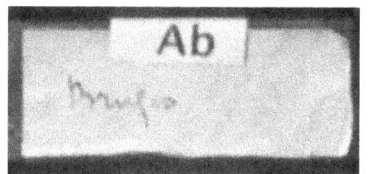

Boîte Ab : Bruges

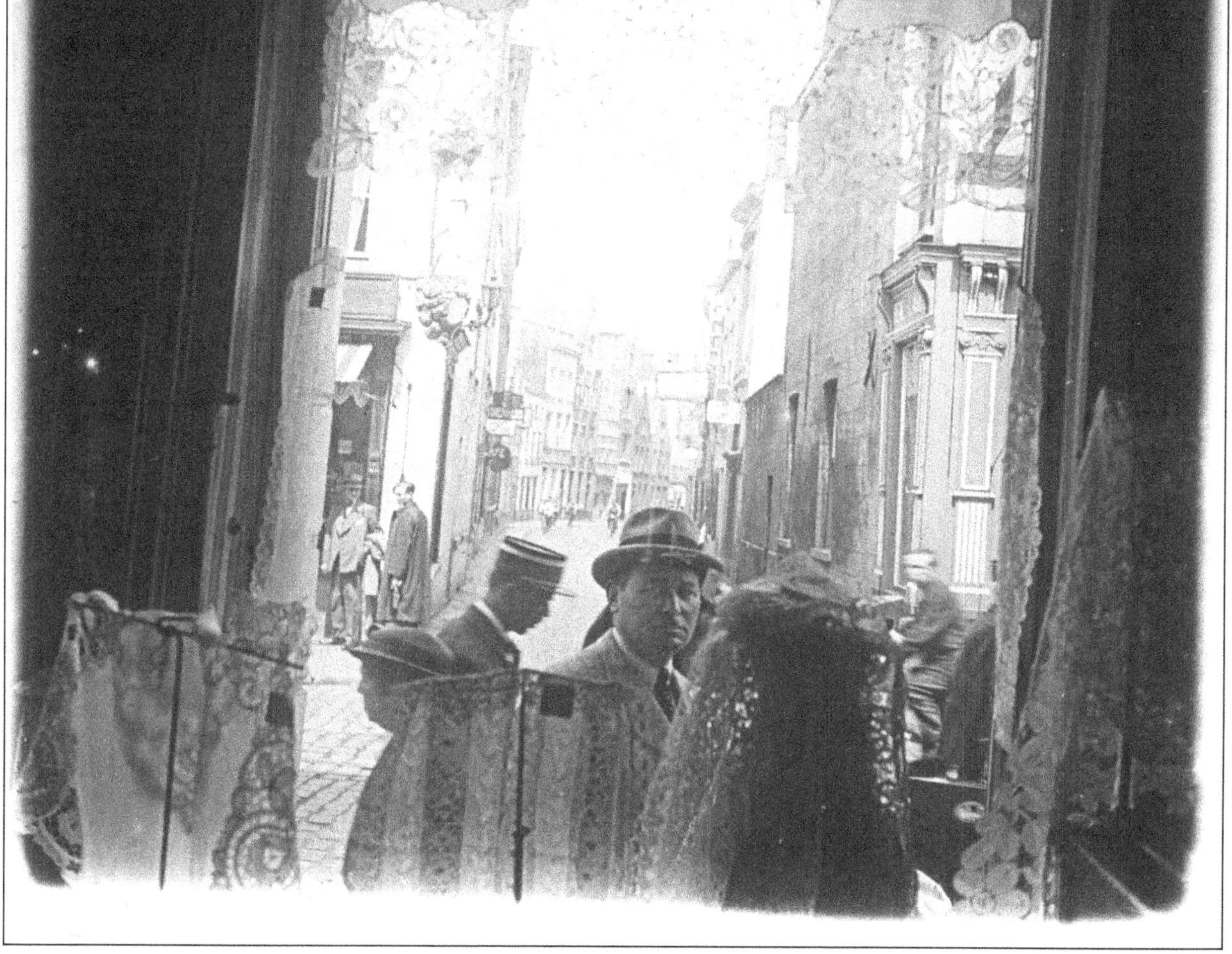

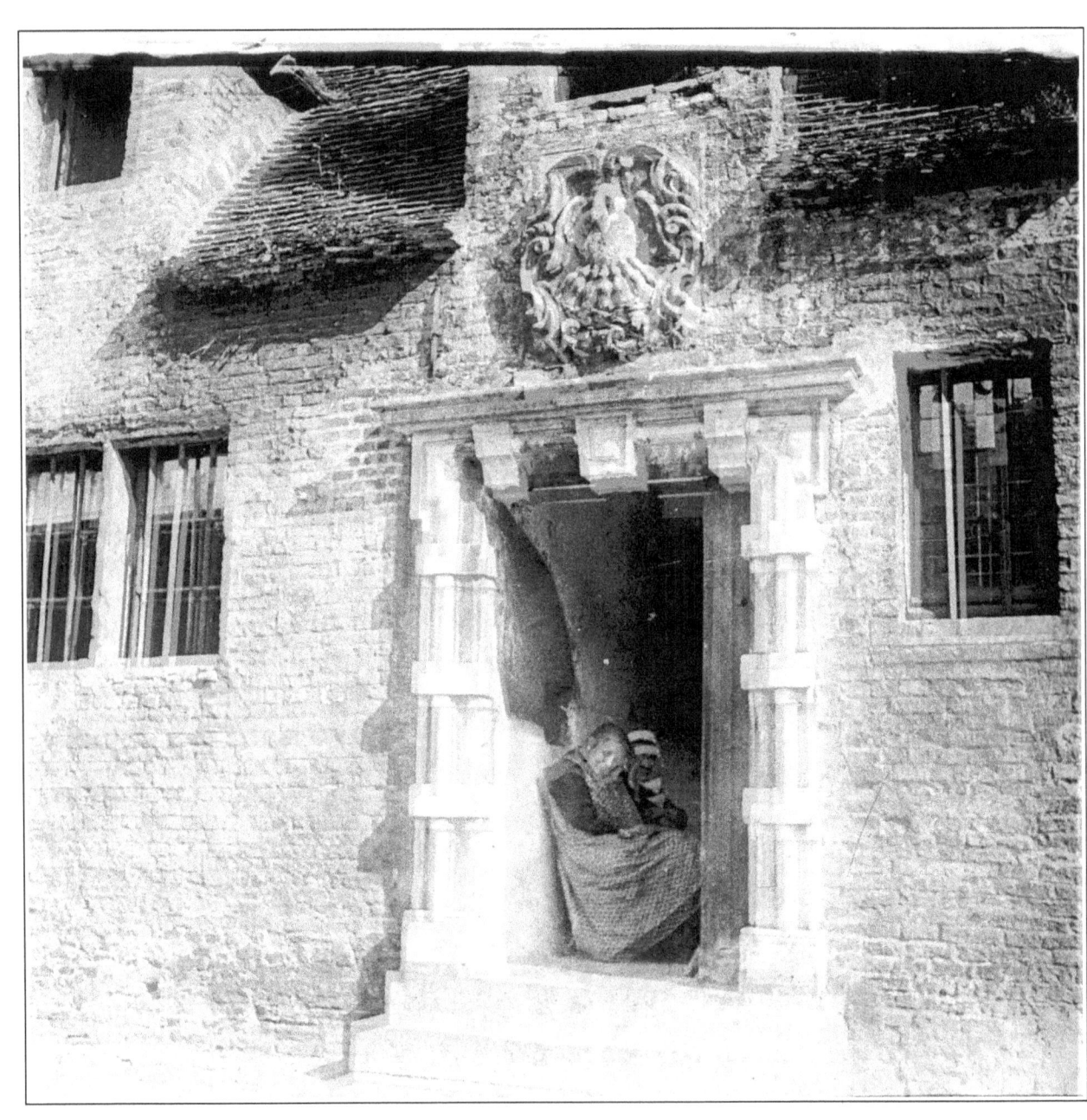

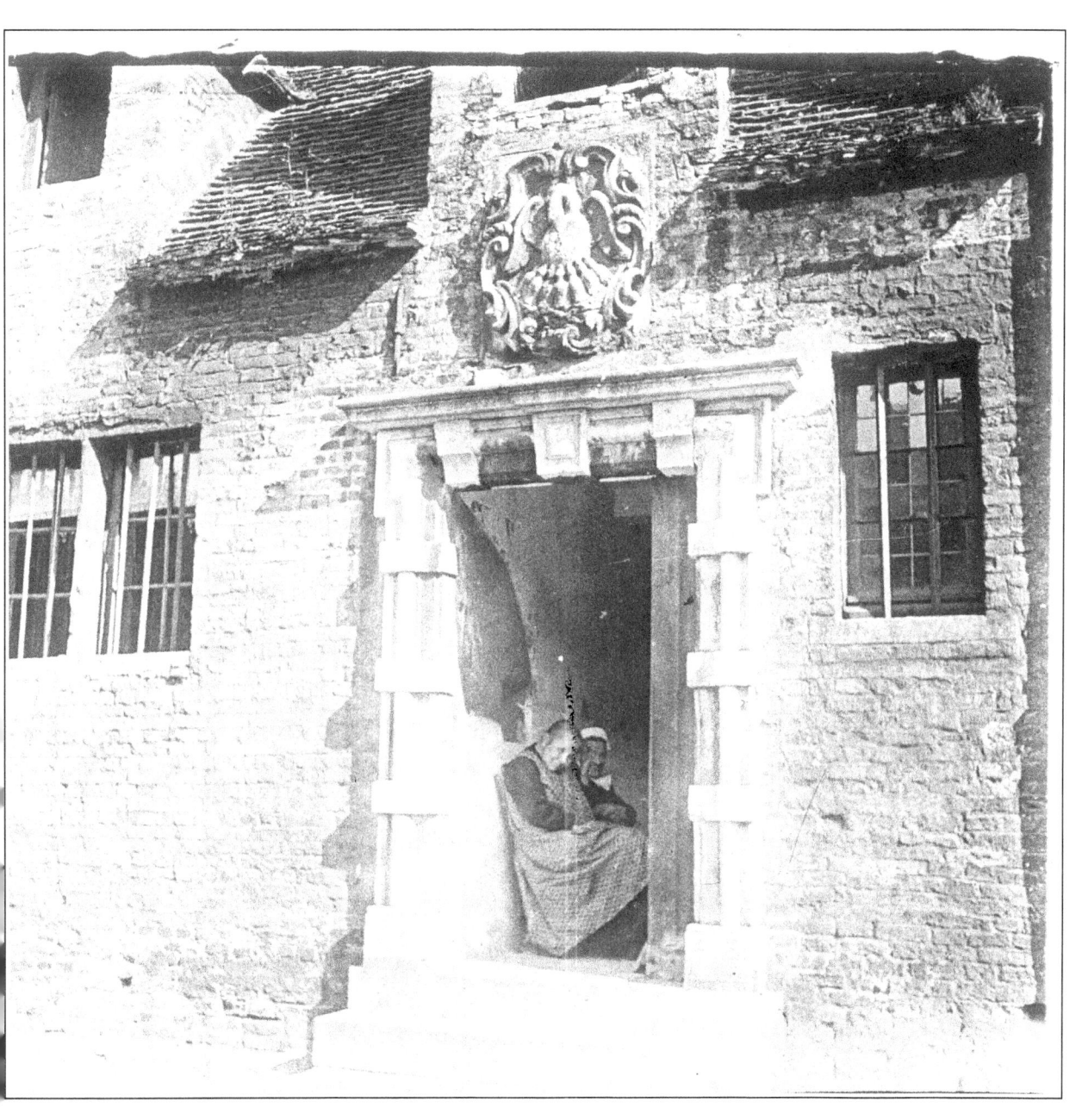

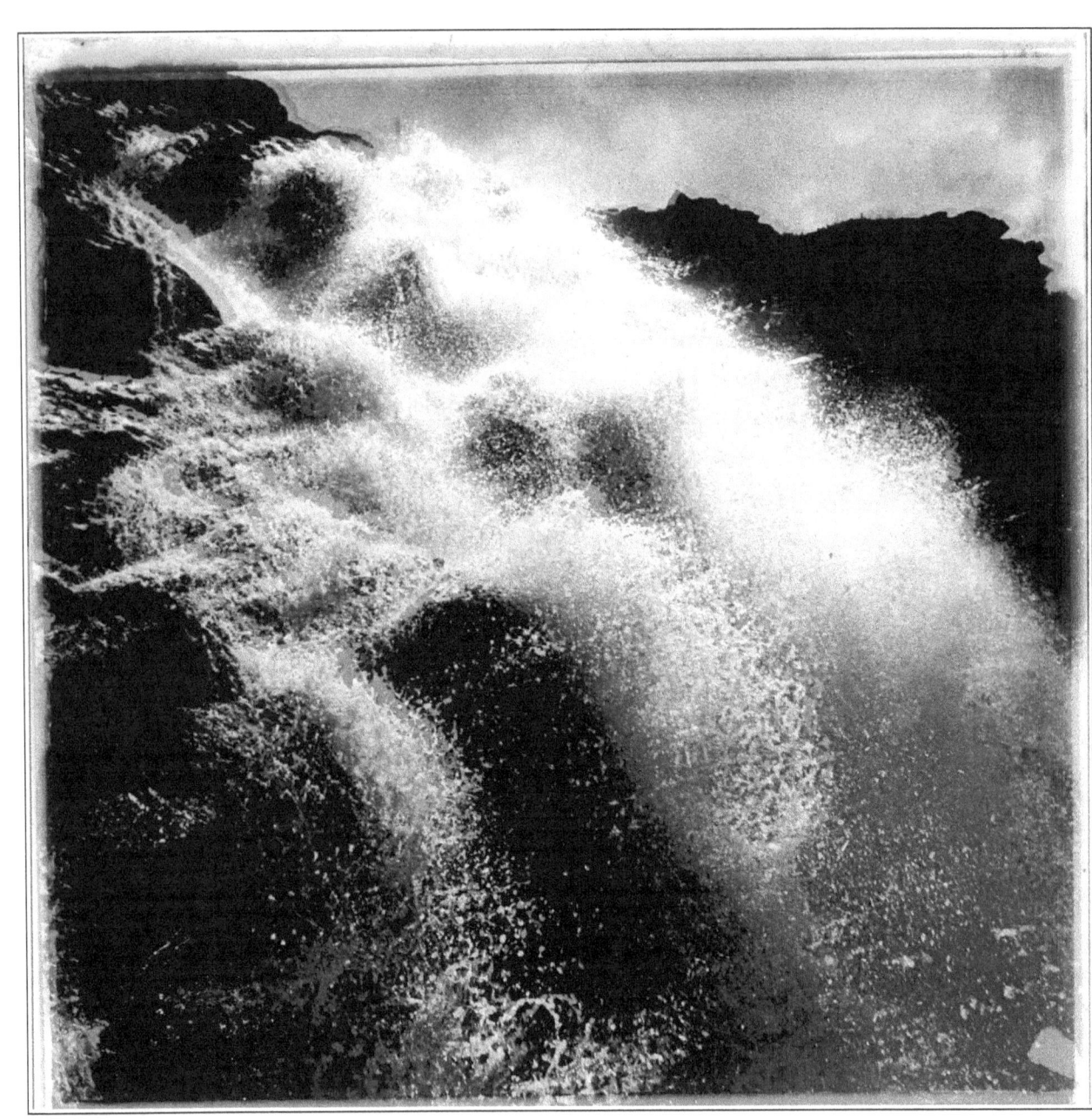

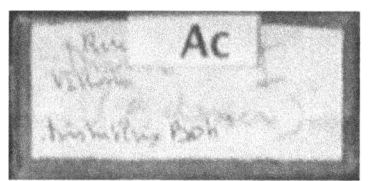

Boîte Ac :
Valloire
Distrib. Prix Bohain

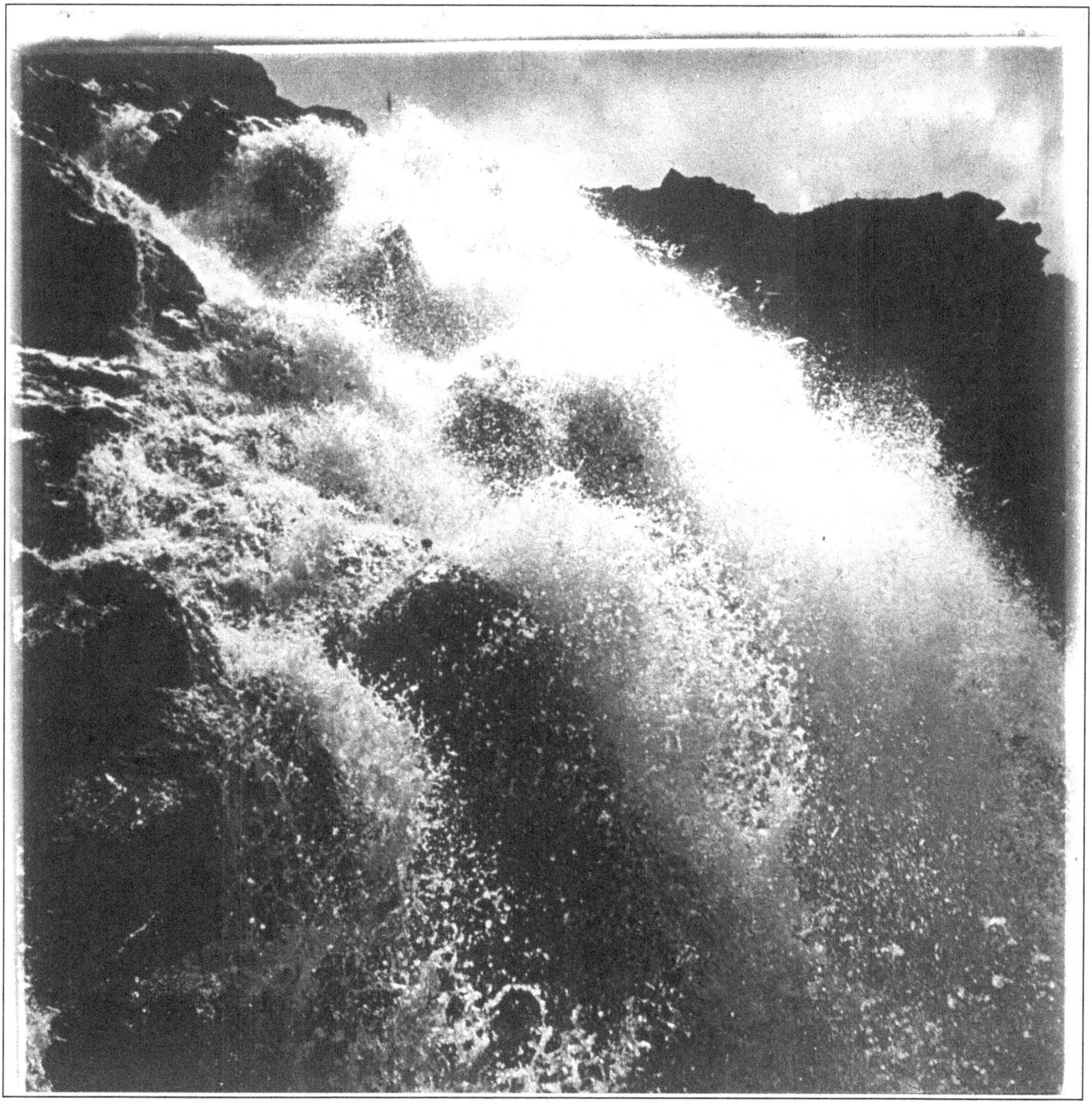

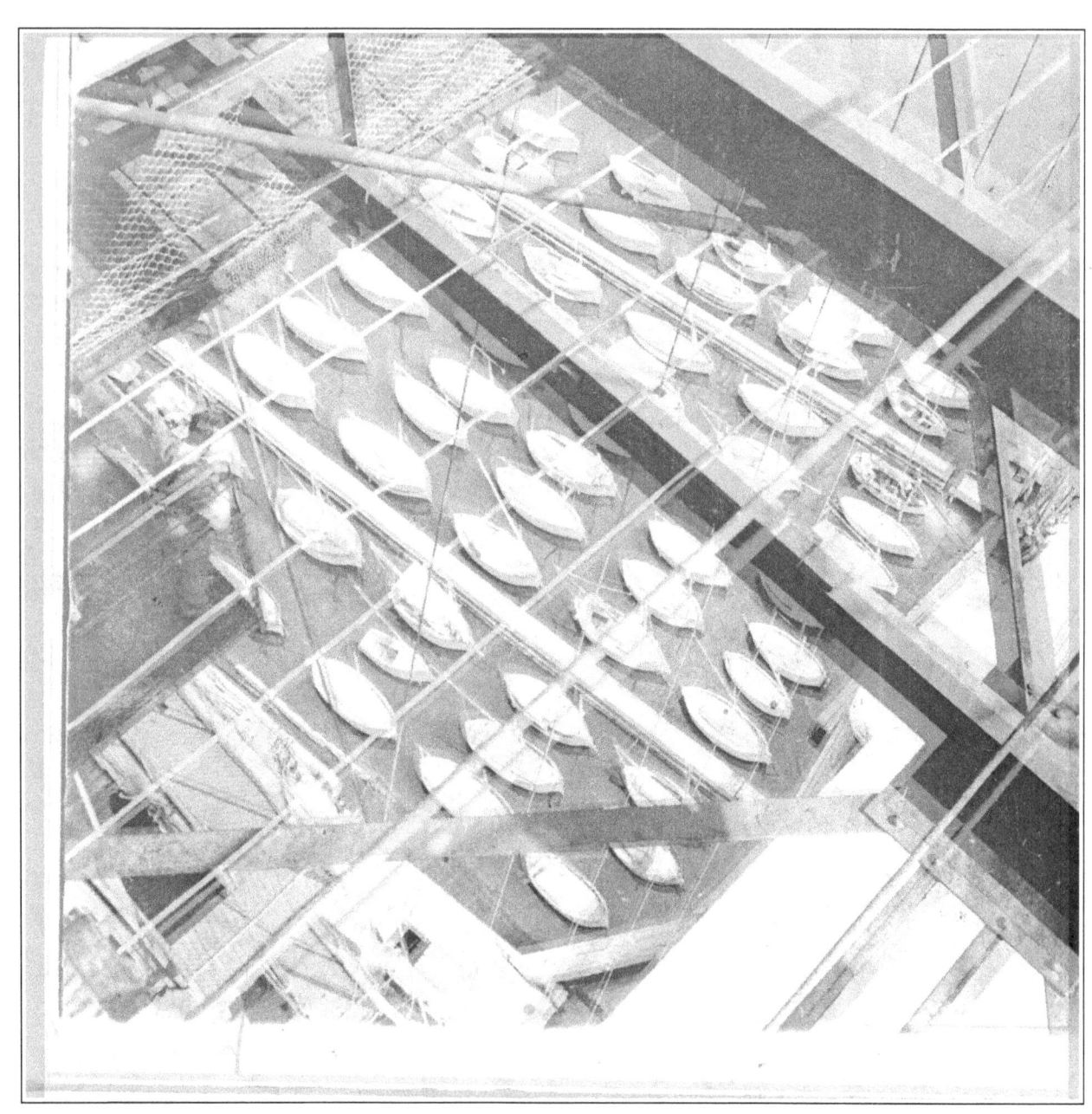

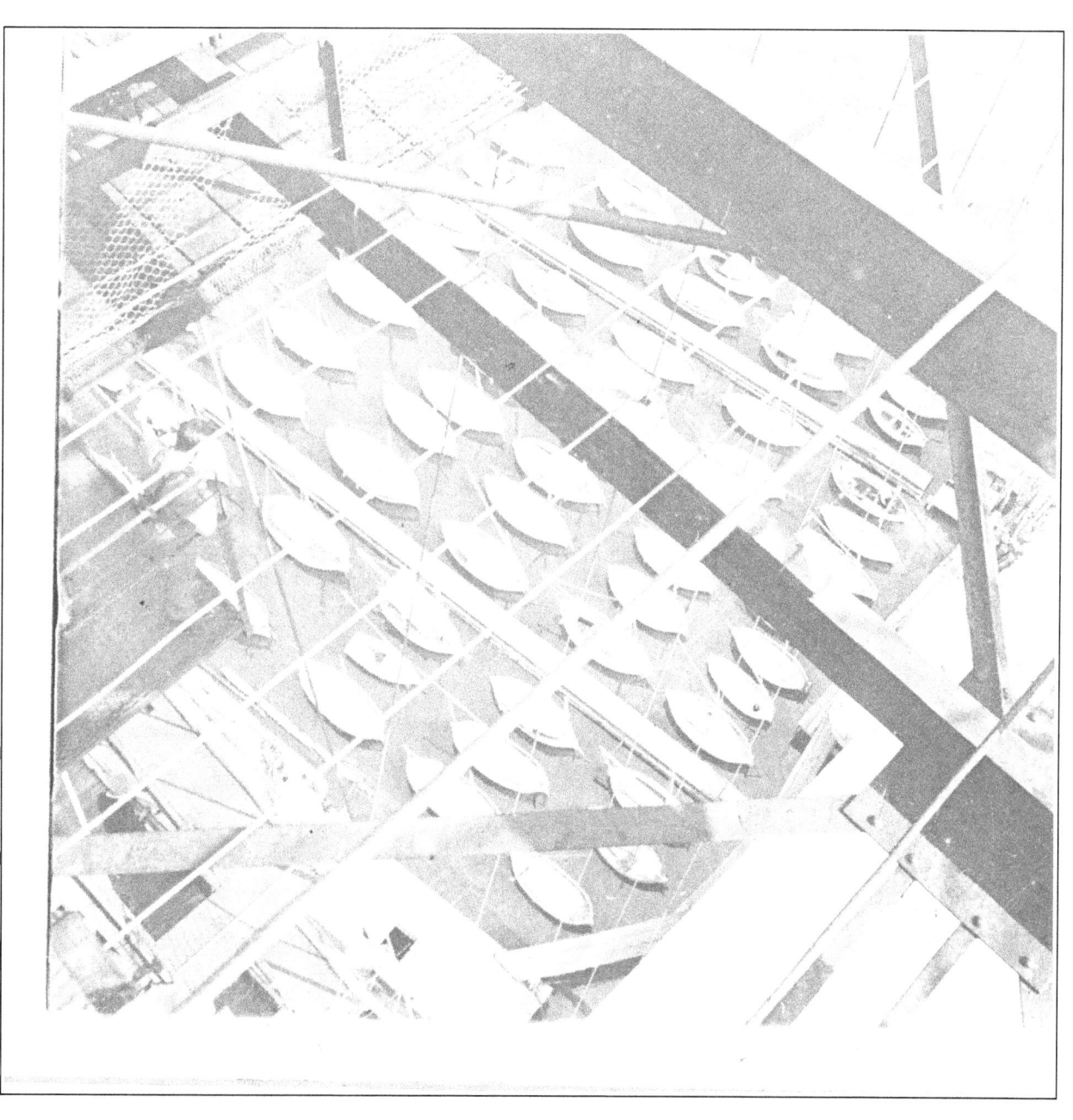

Georges Détrey, photographe

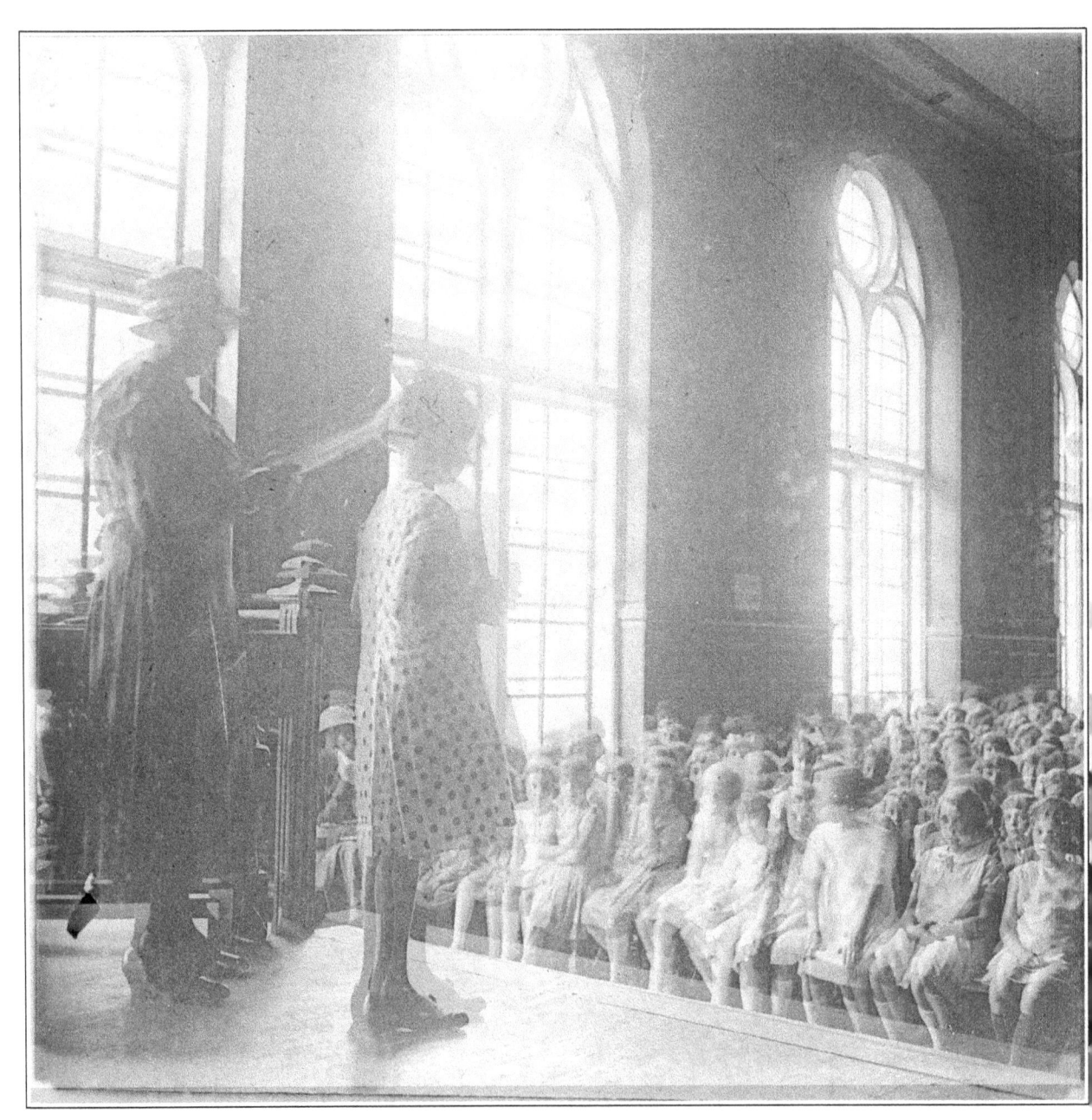

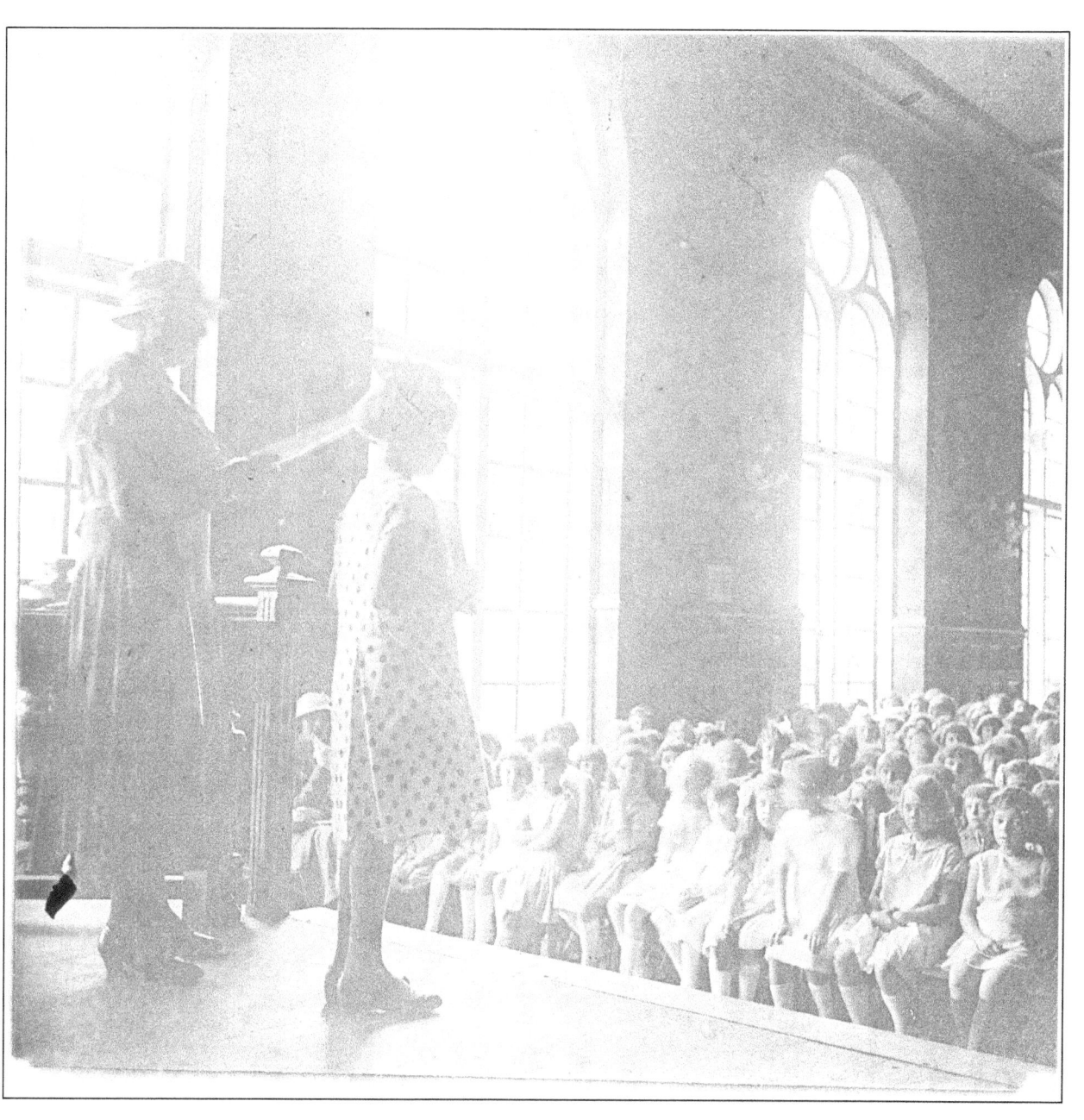

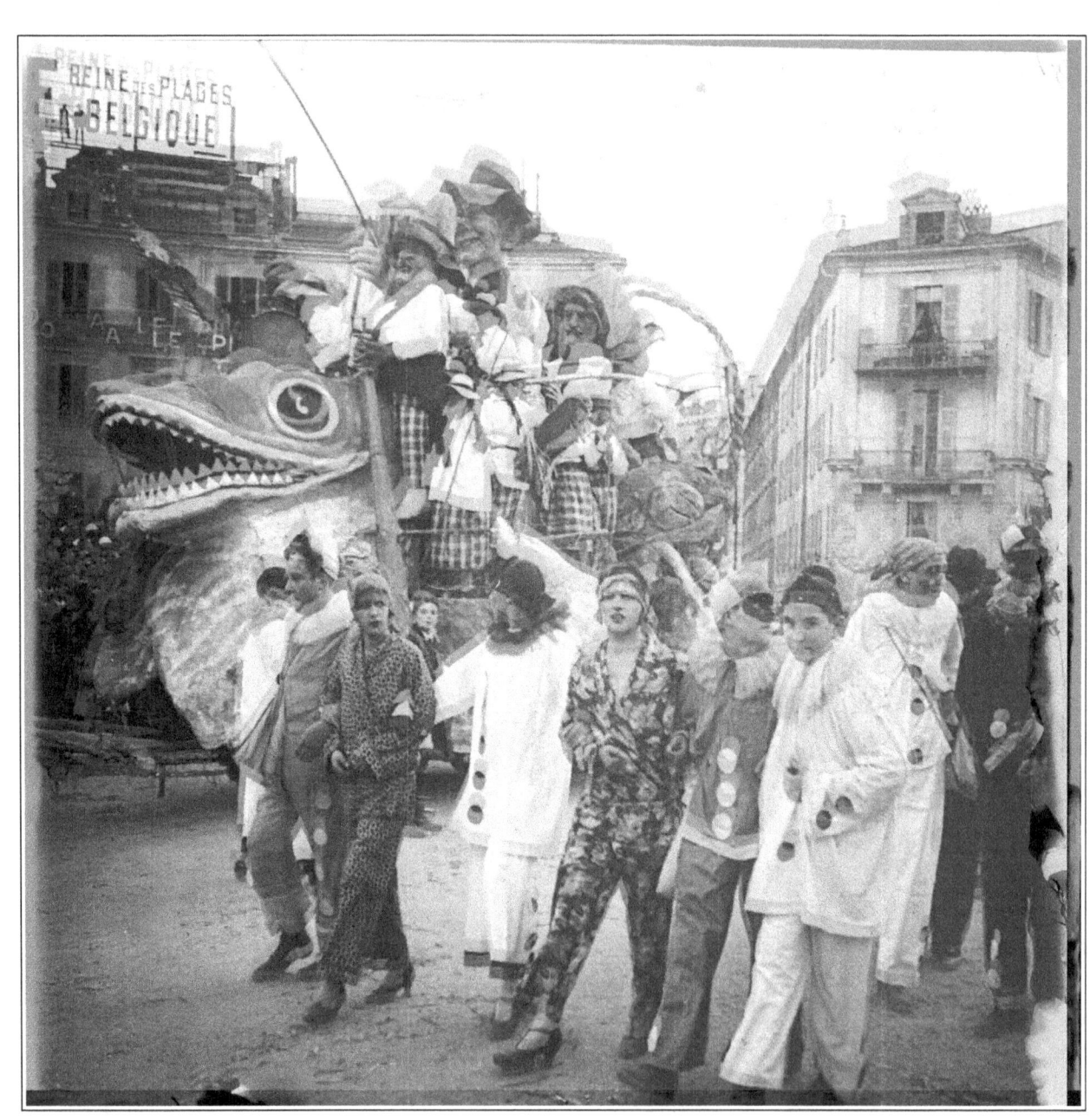

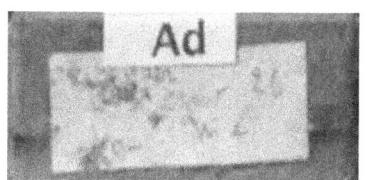

Boîte Ad :
Côte d'Azur 26
Nice

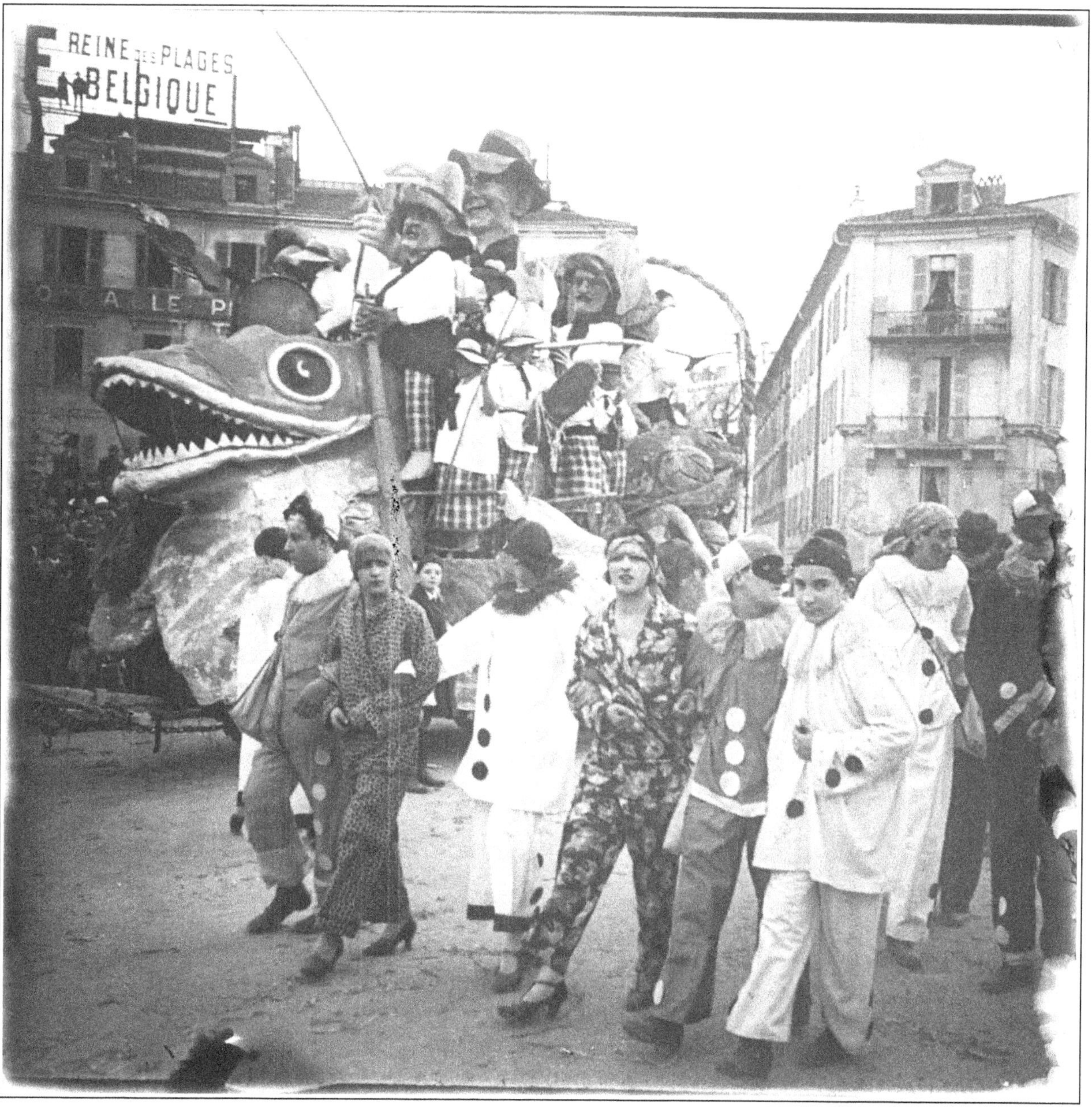

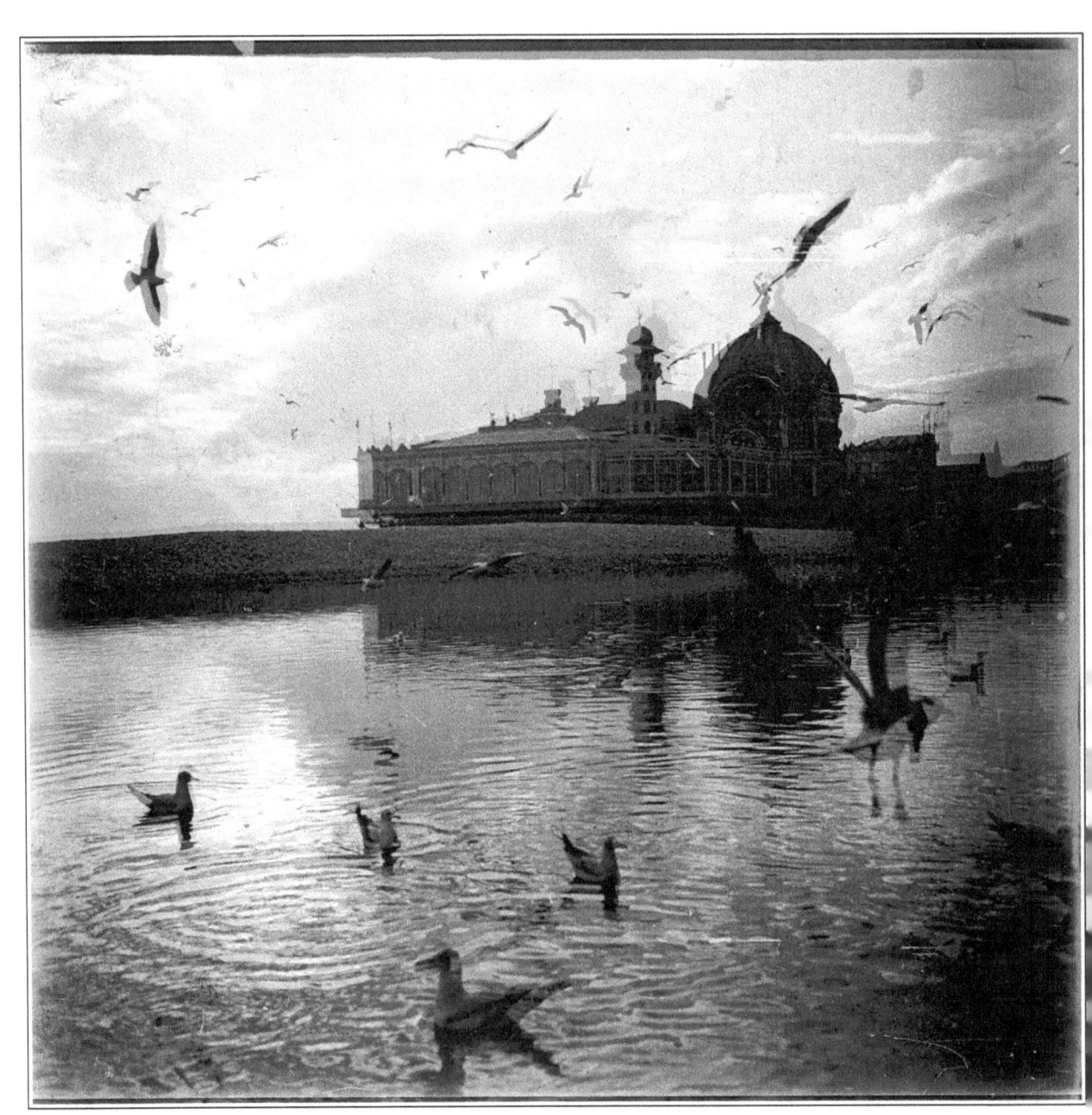

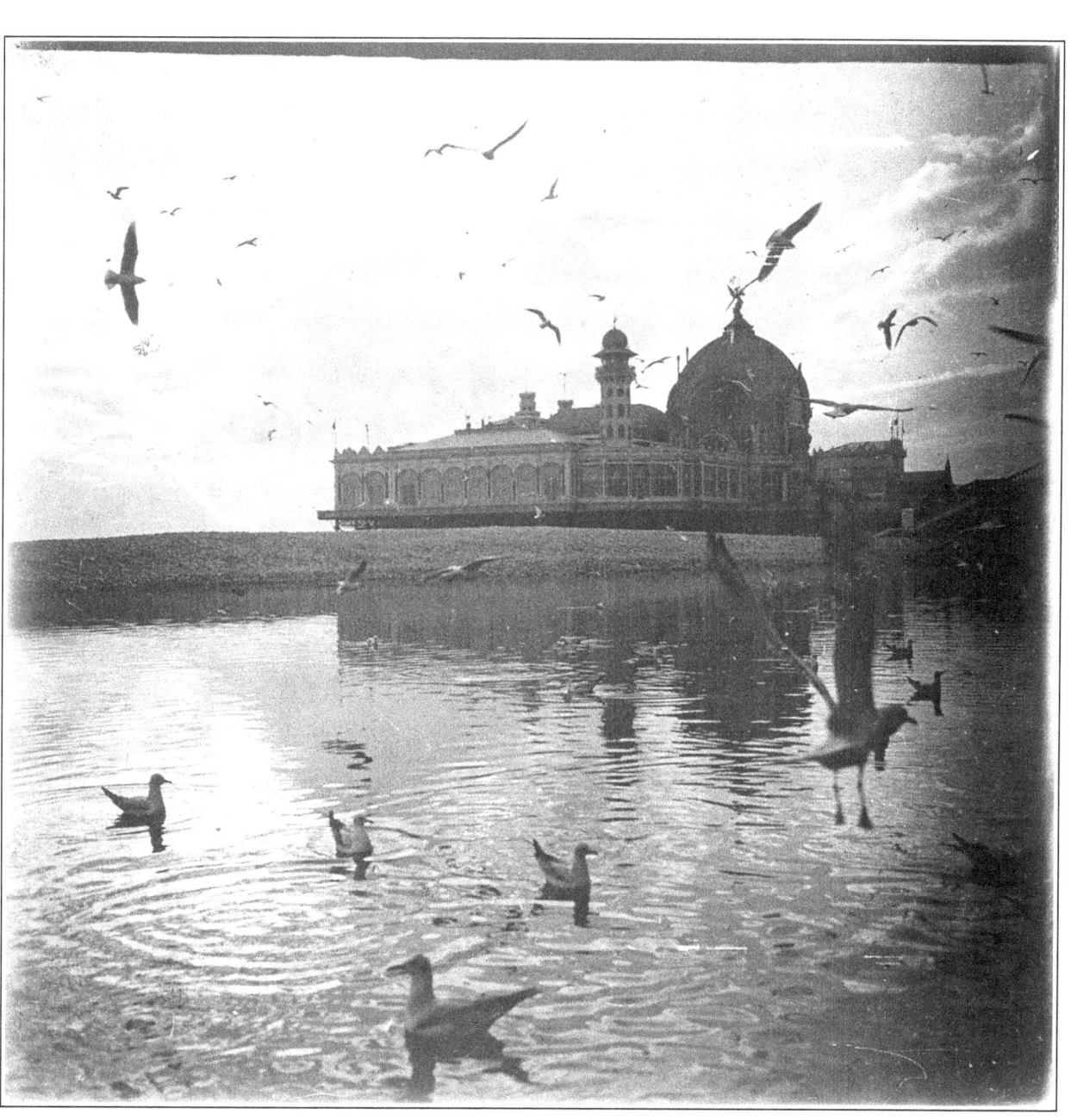

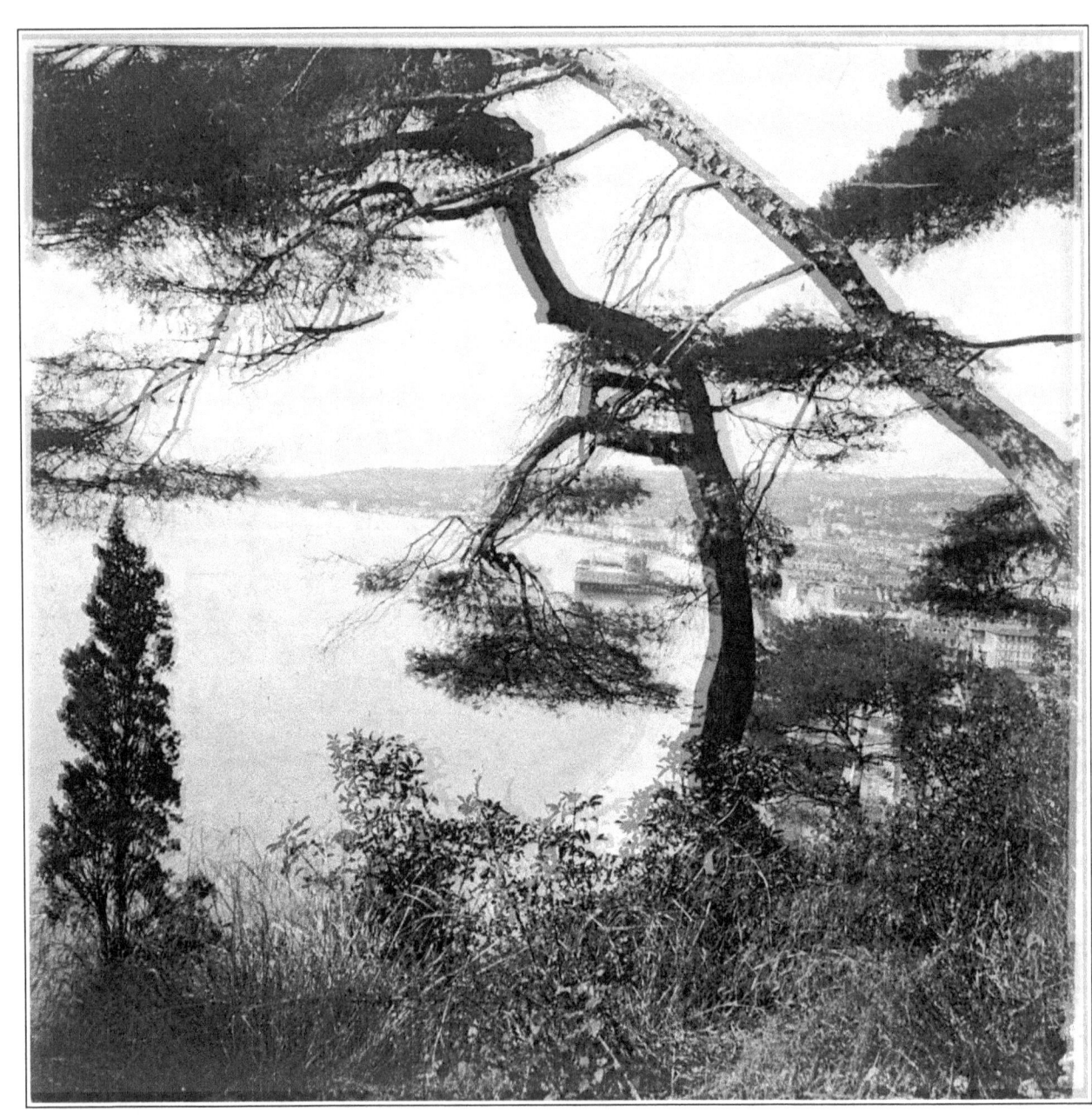

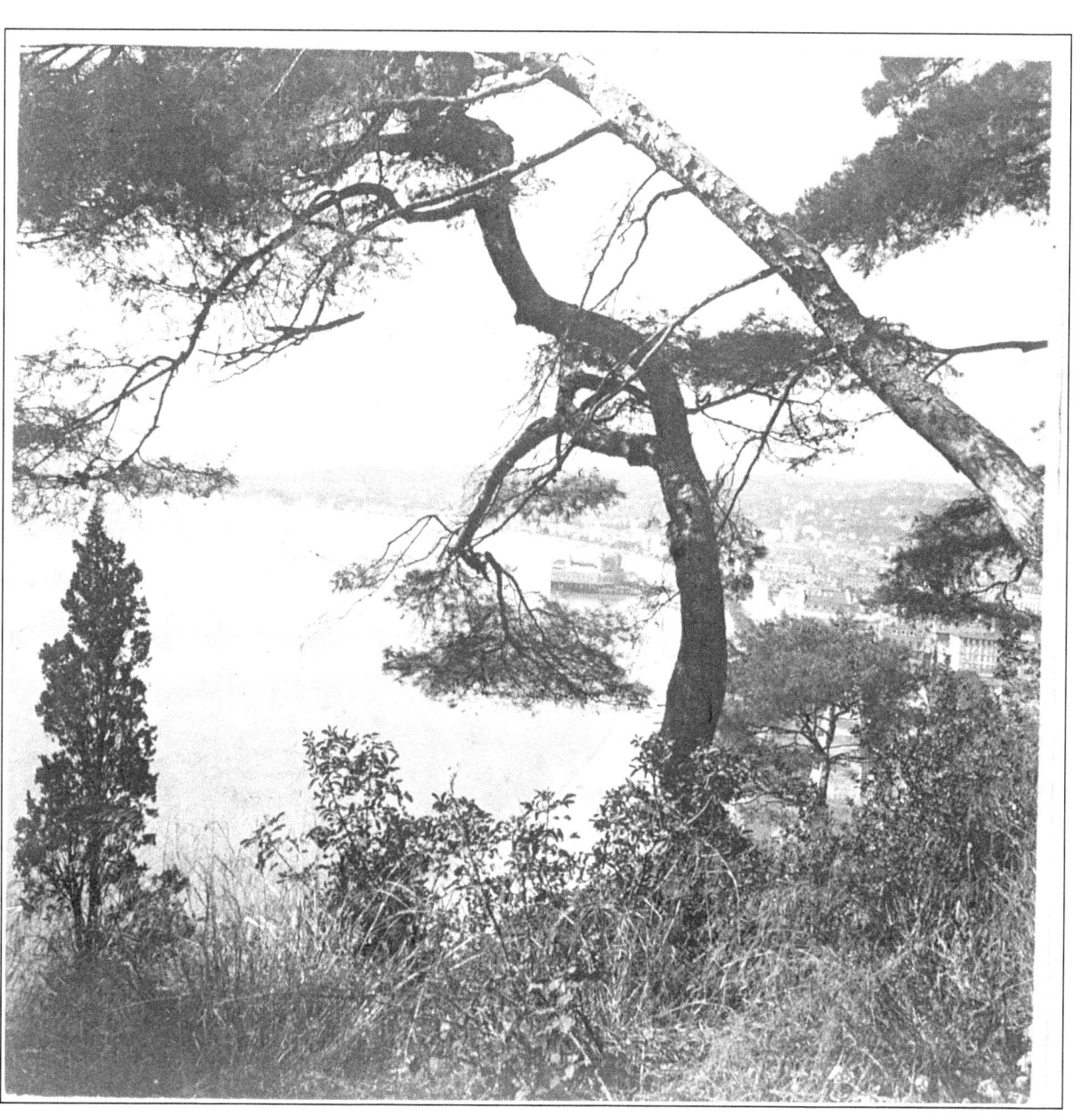

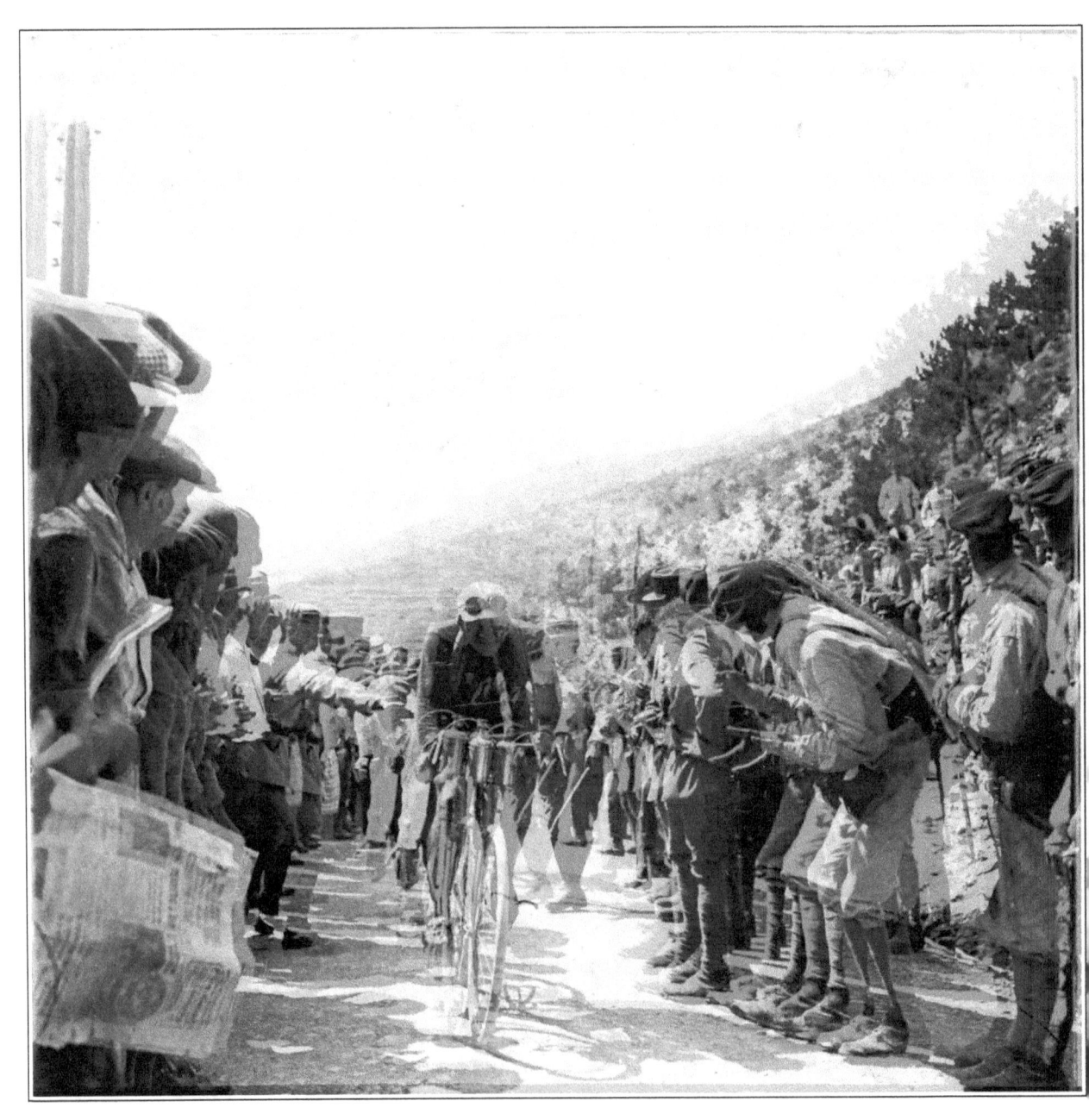

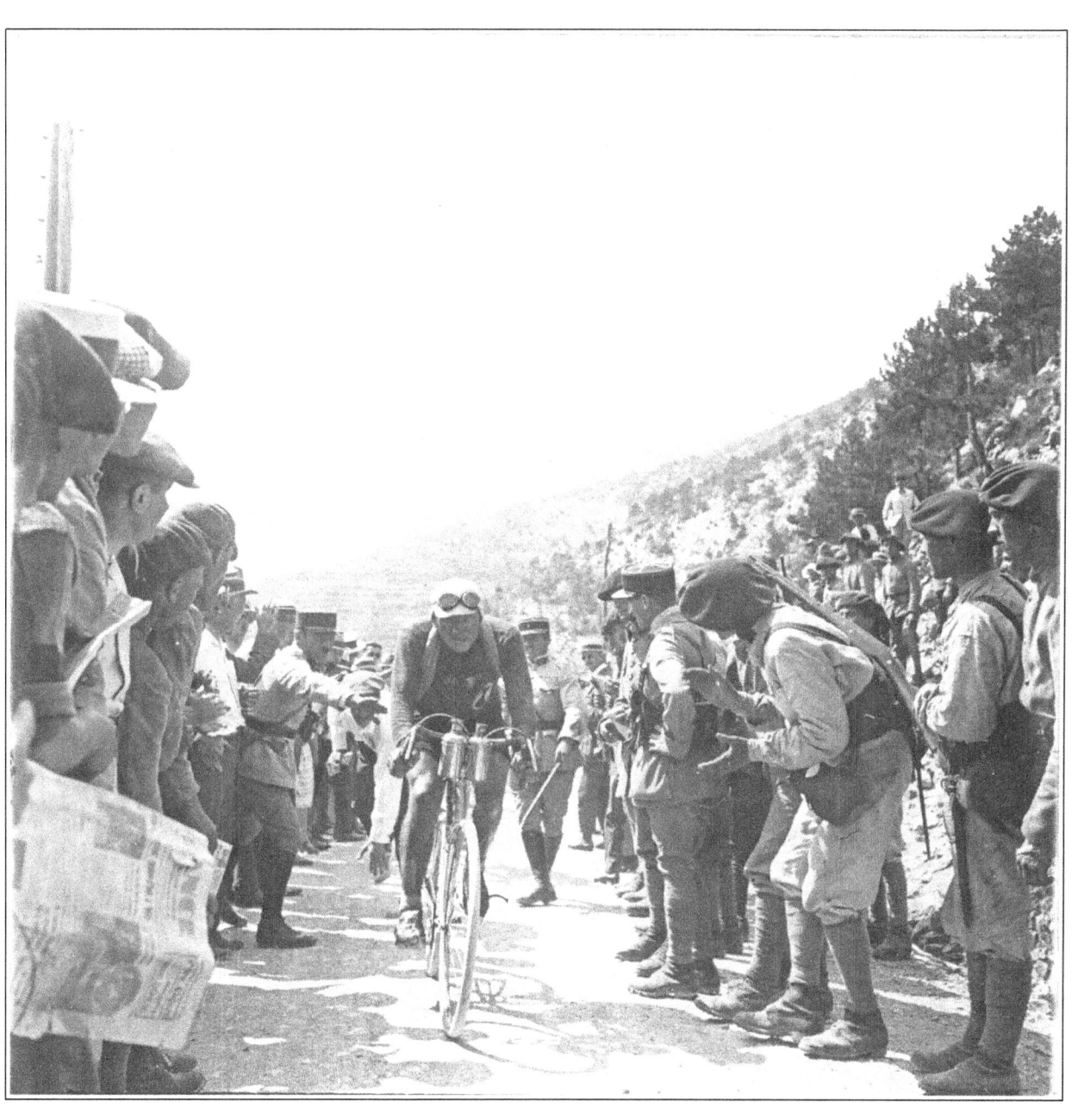

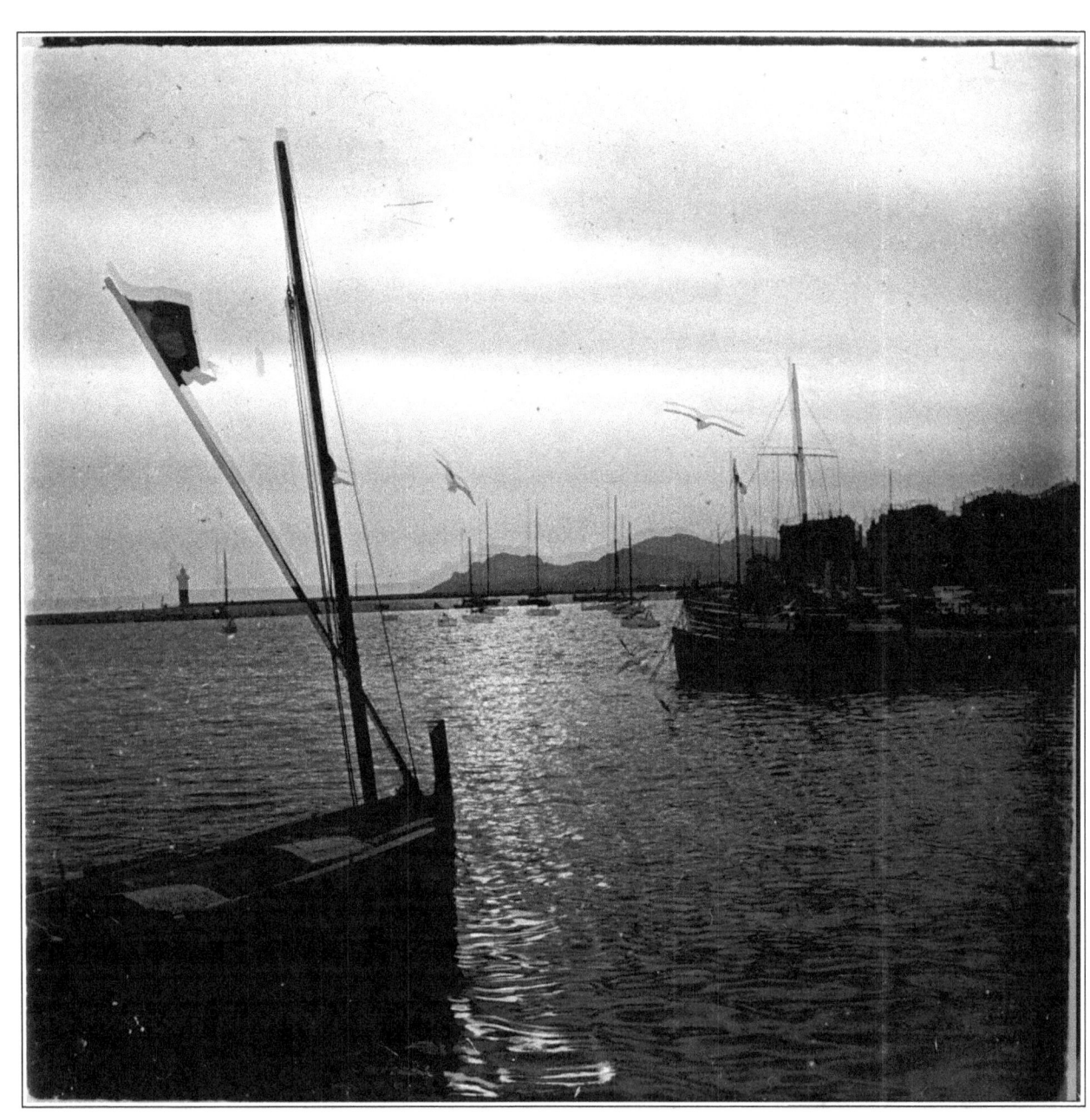

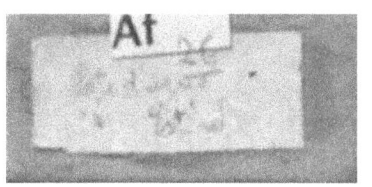

Boîte Af :
Côte d'Azur 26
Estérel

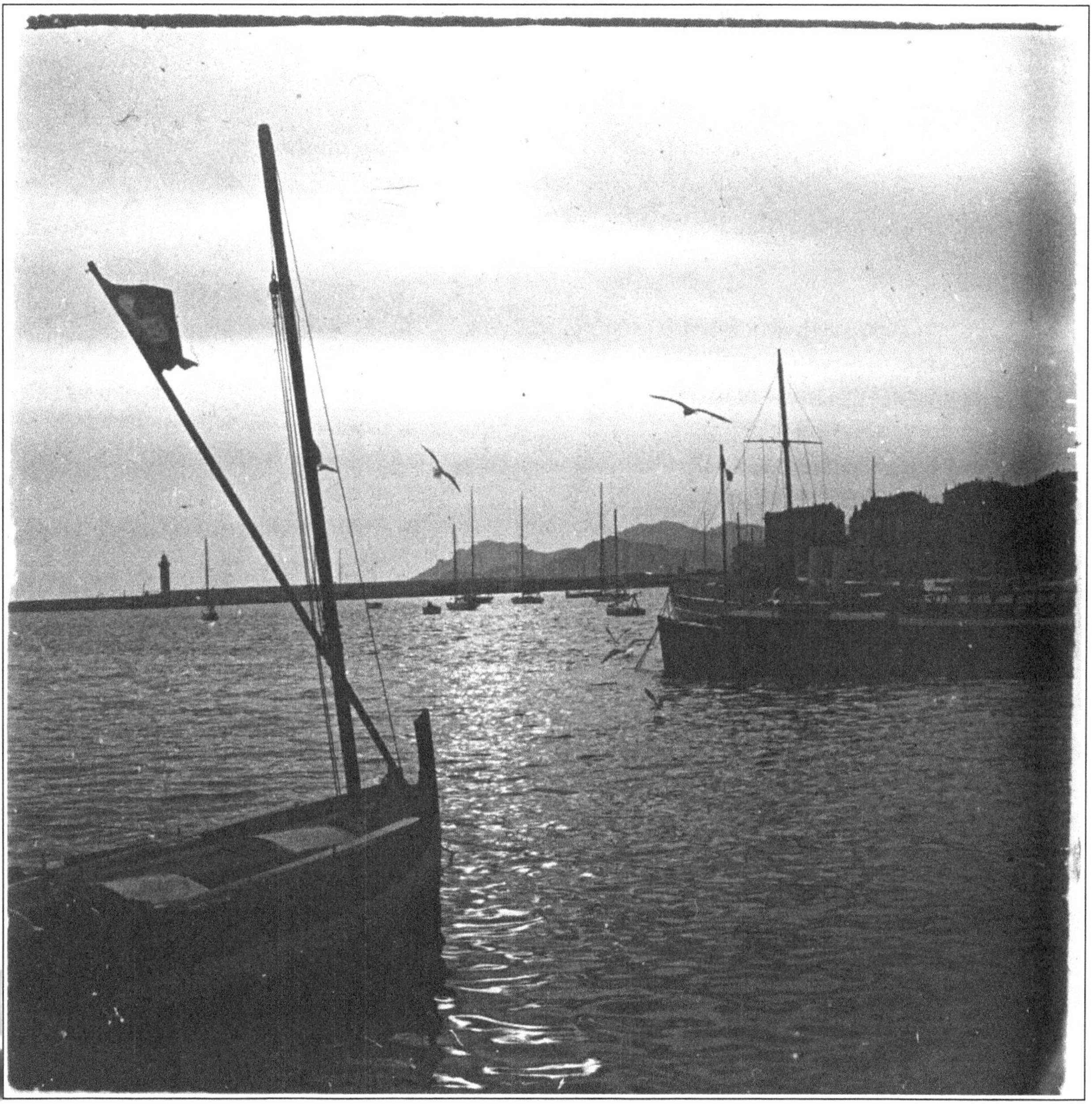

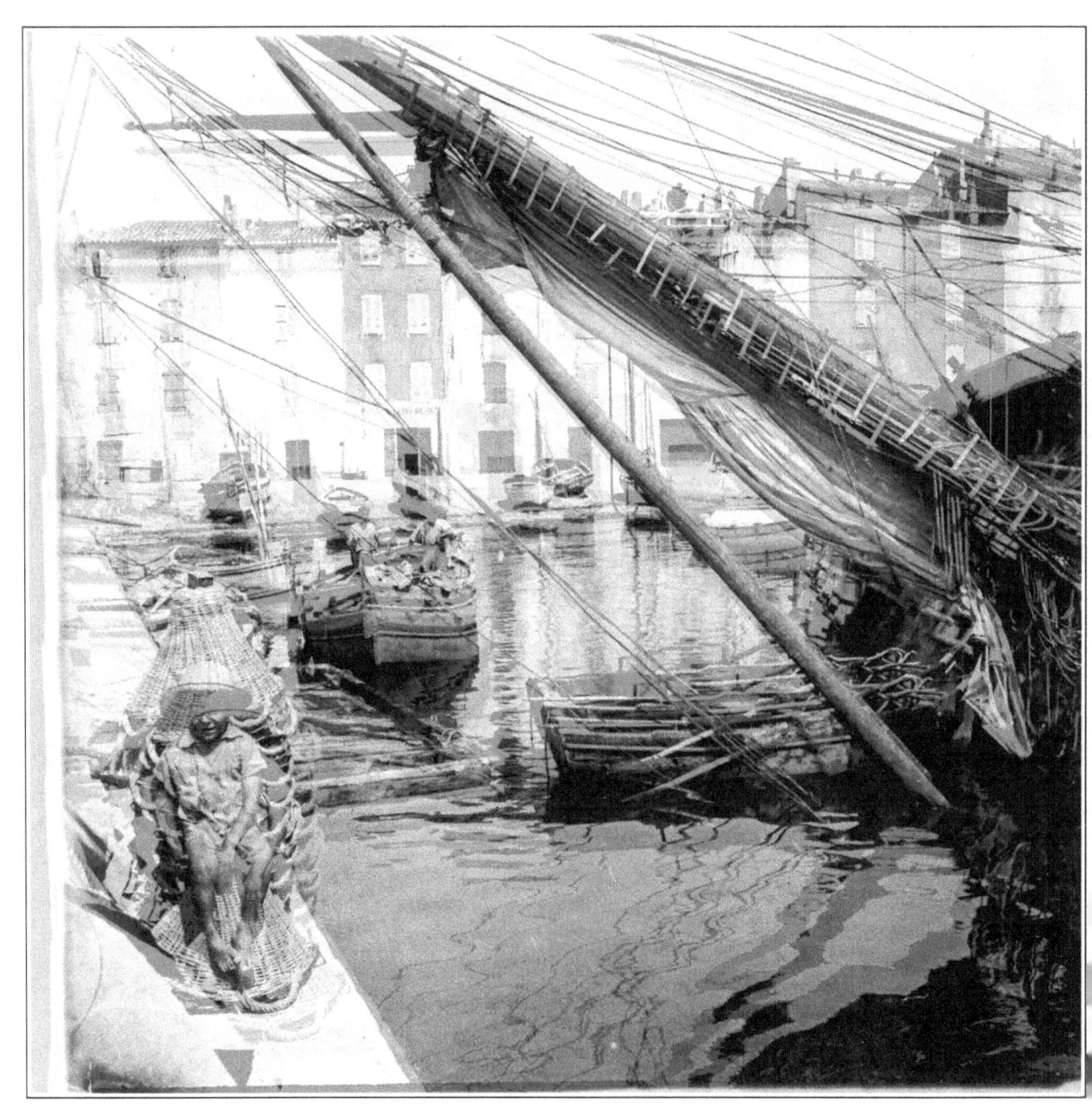

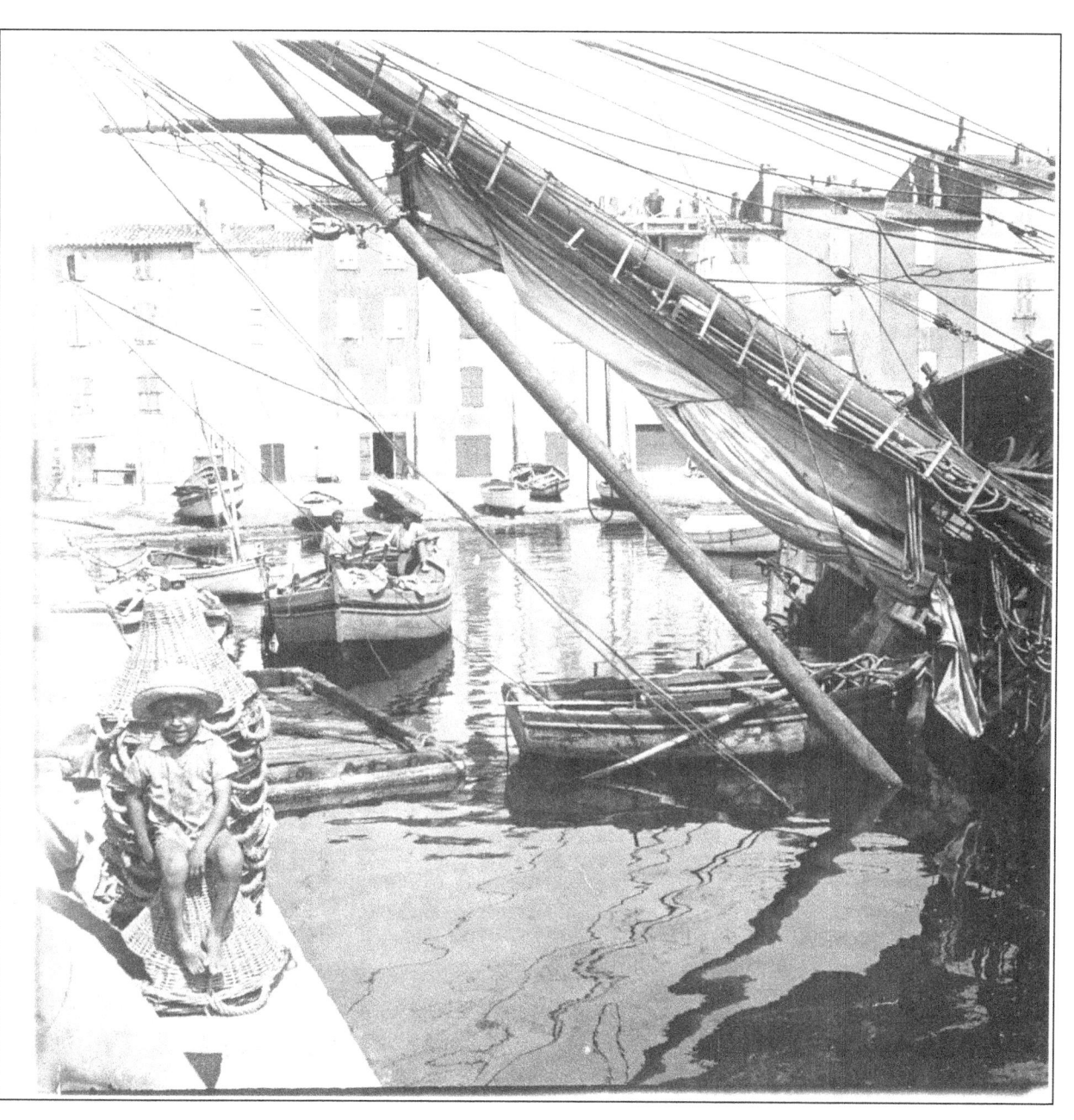

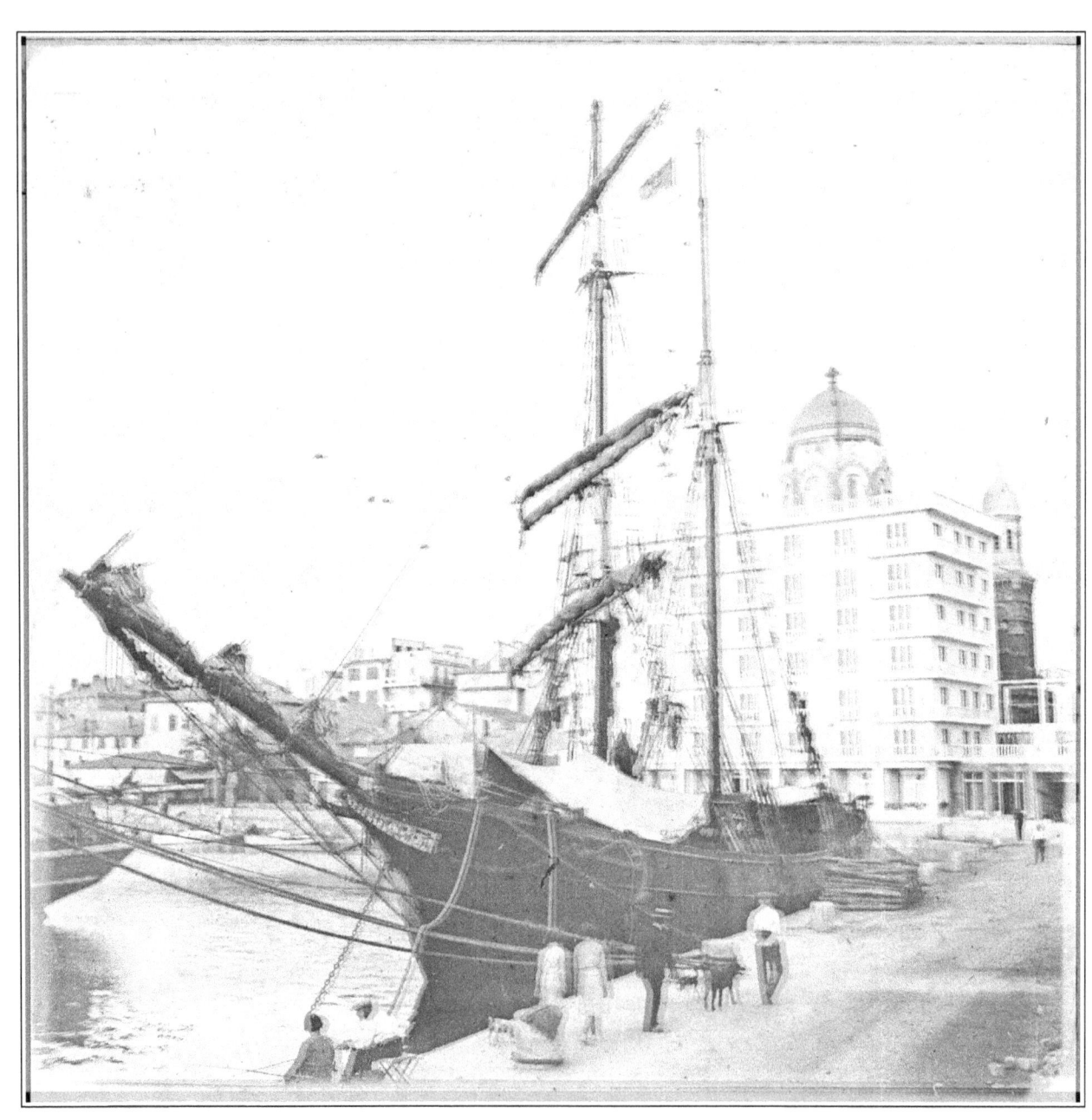

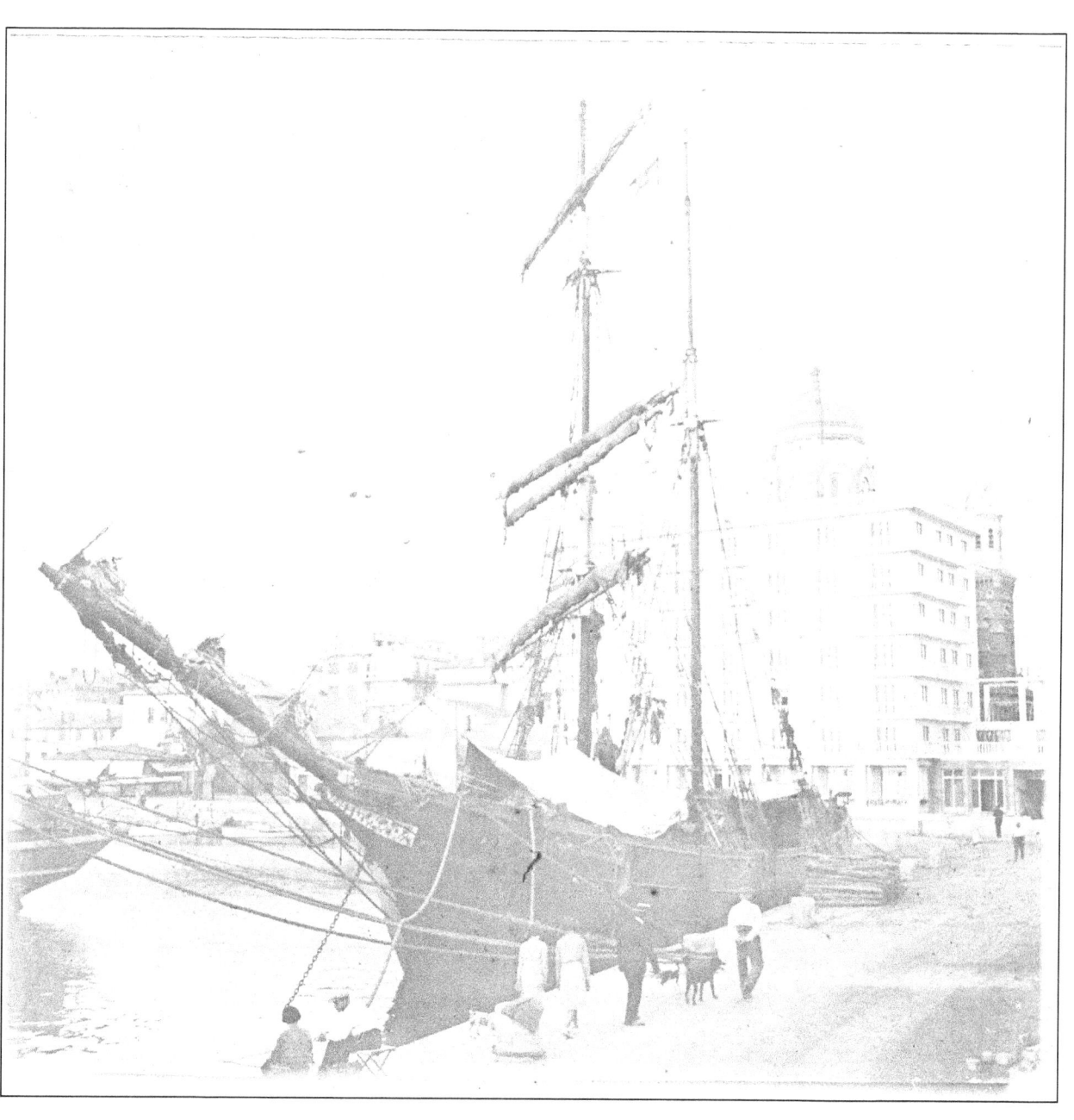

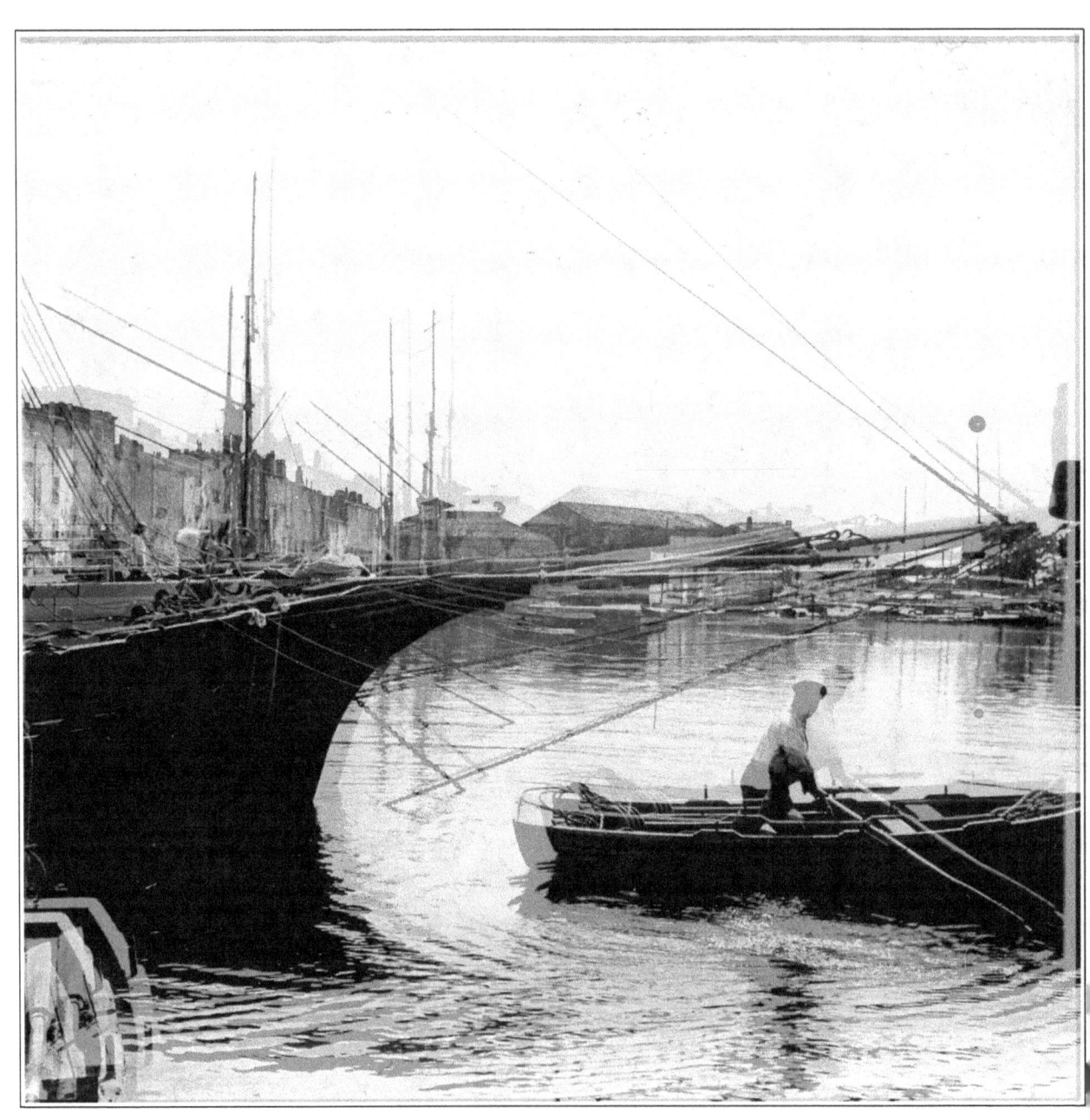

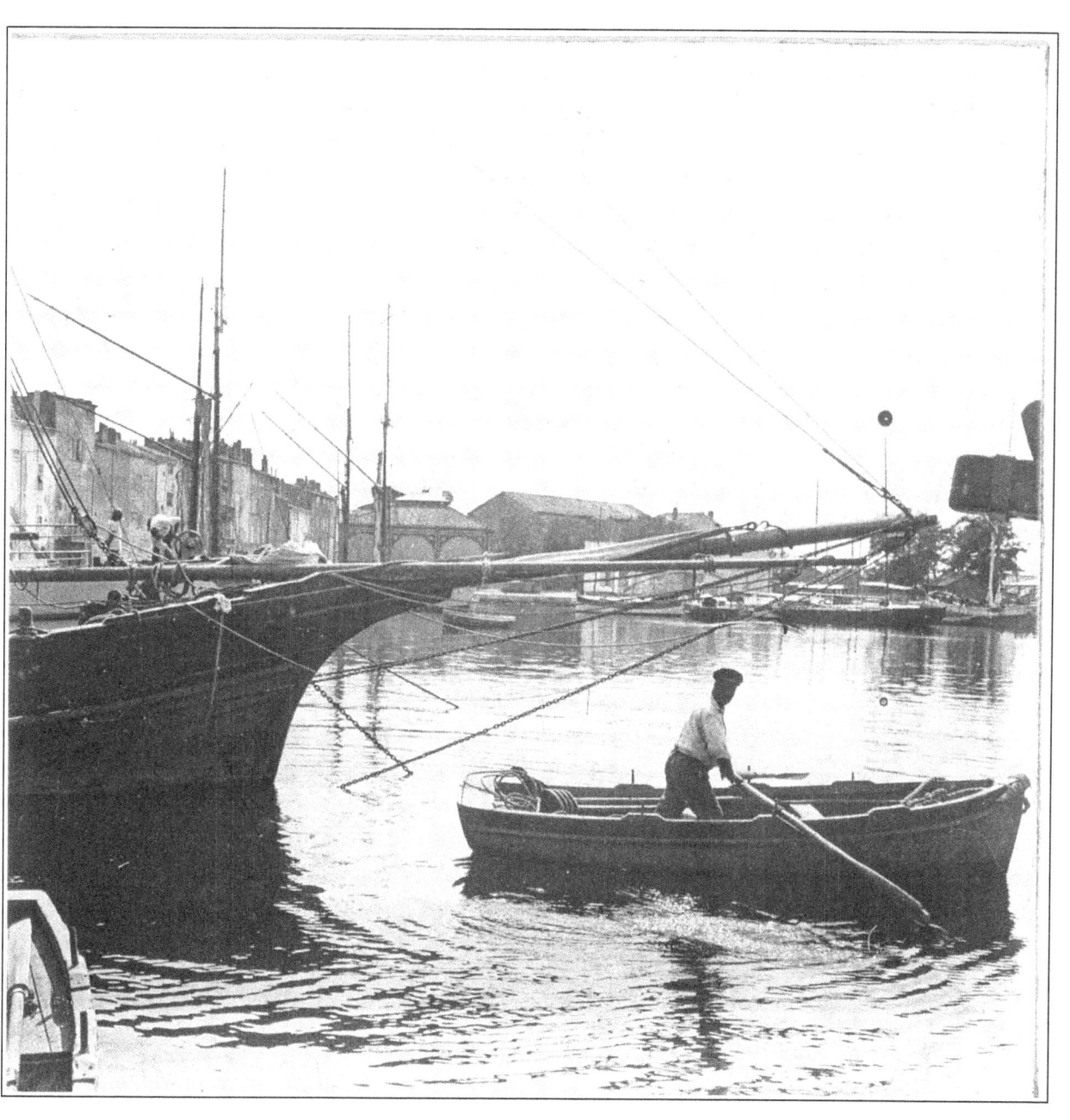

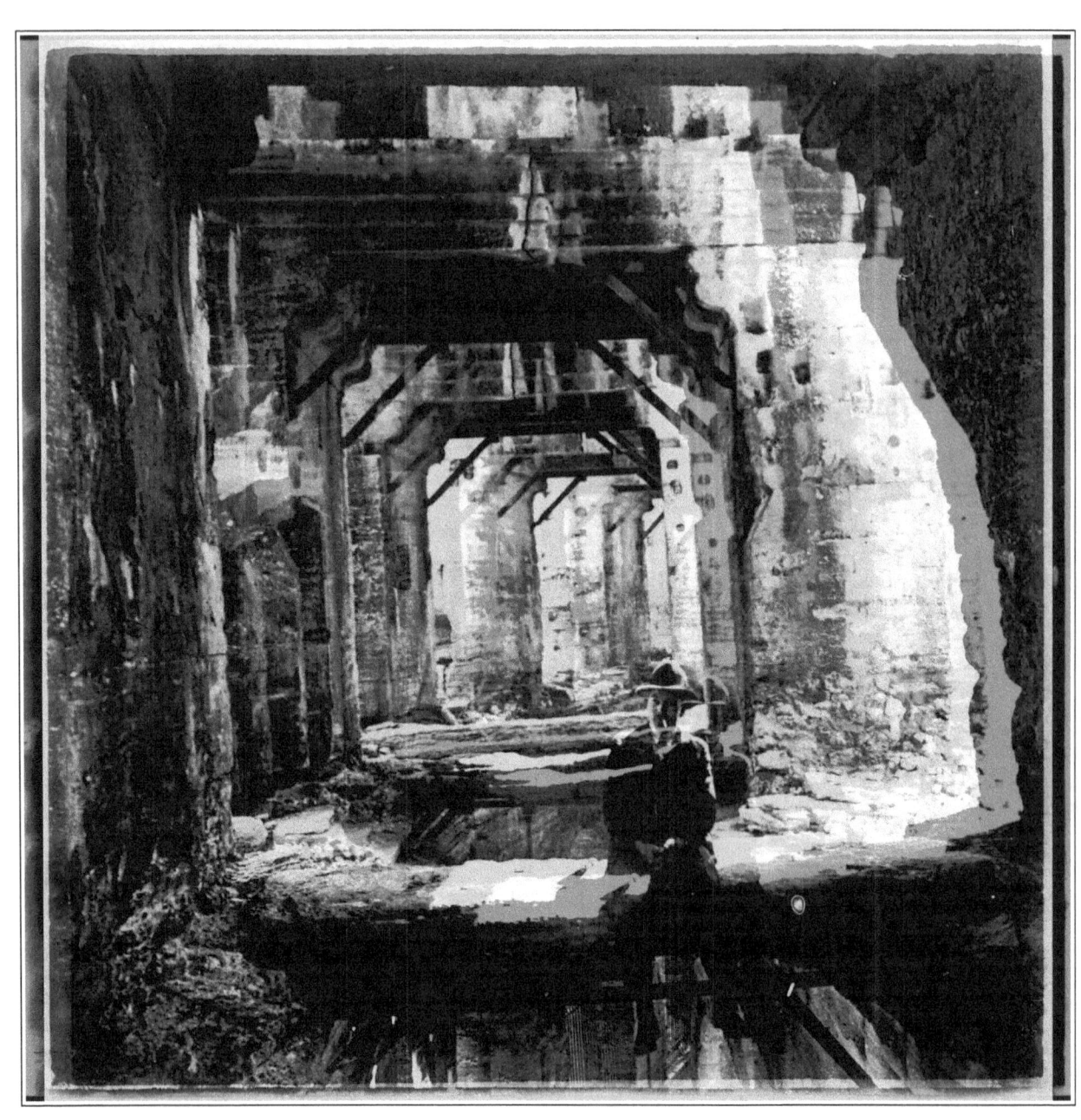

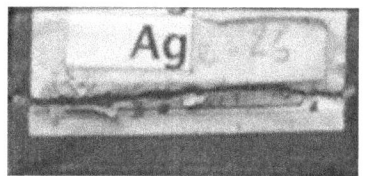

Boîte Ag : ??? 26

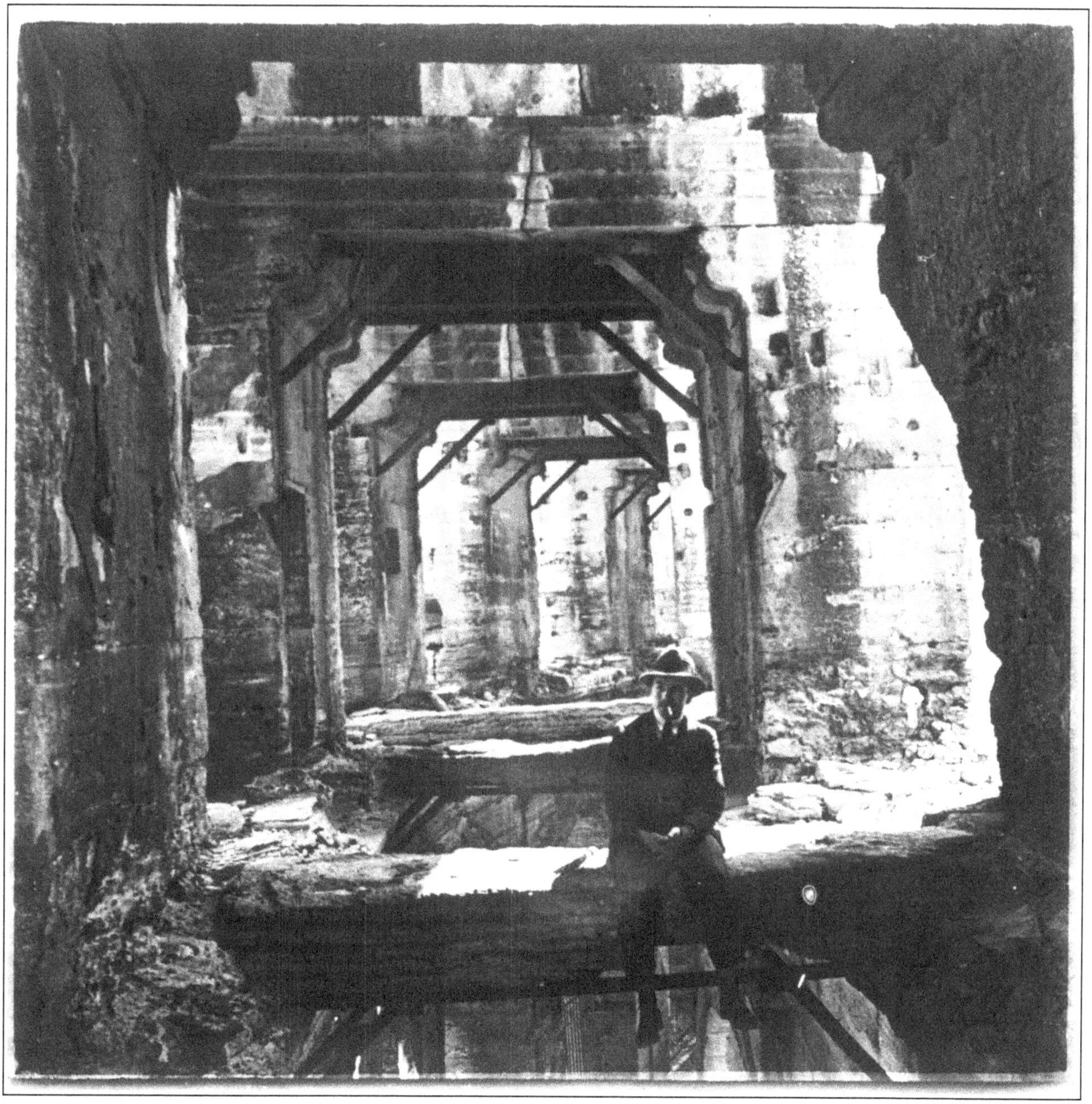

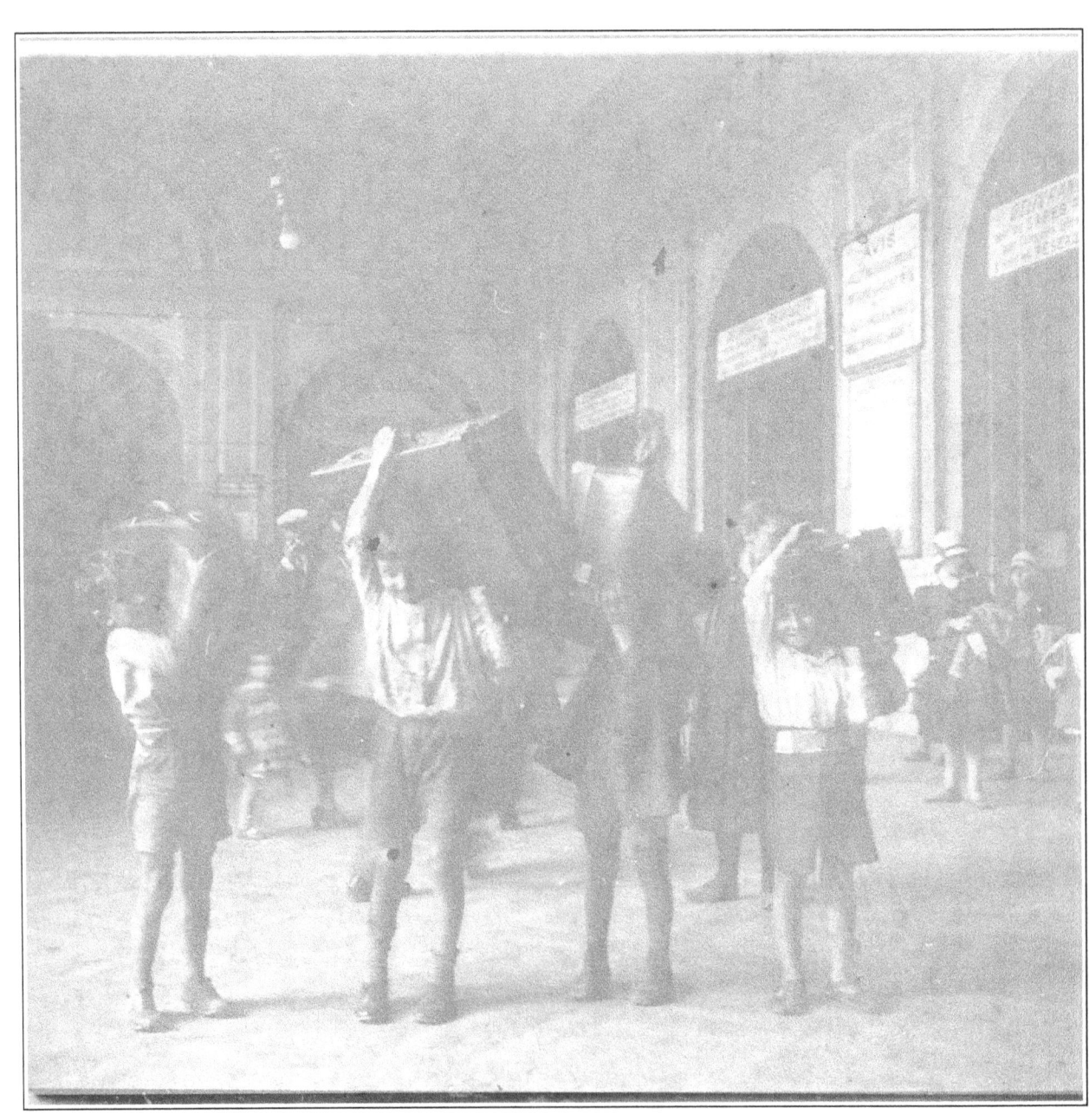

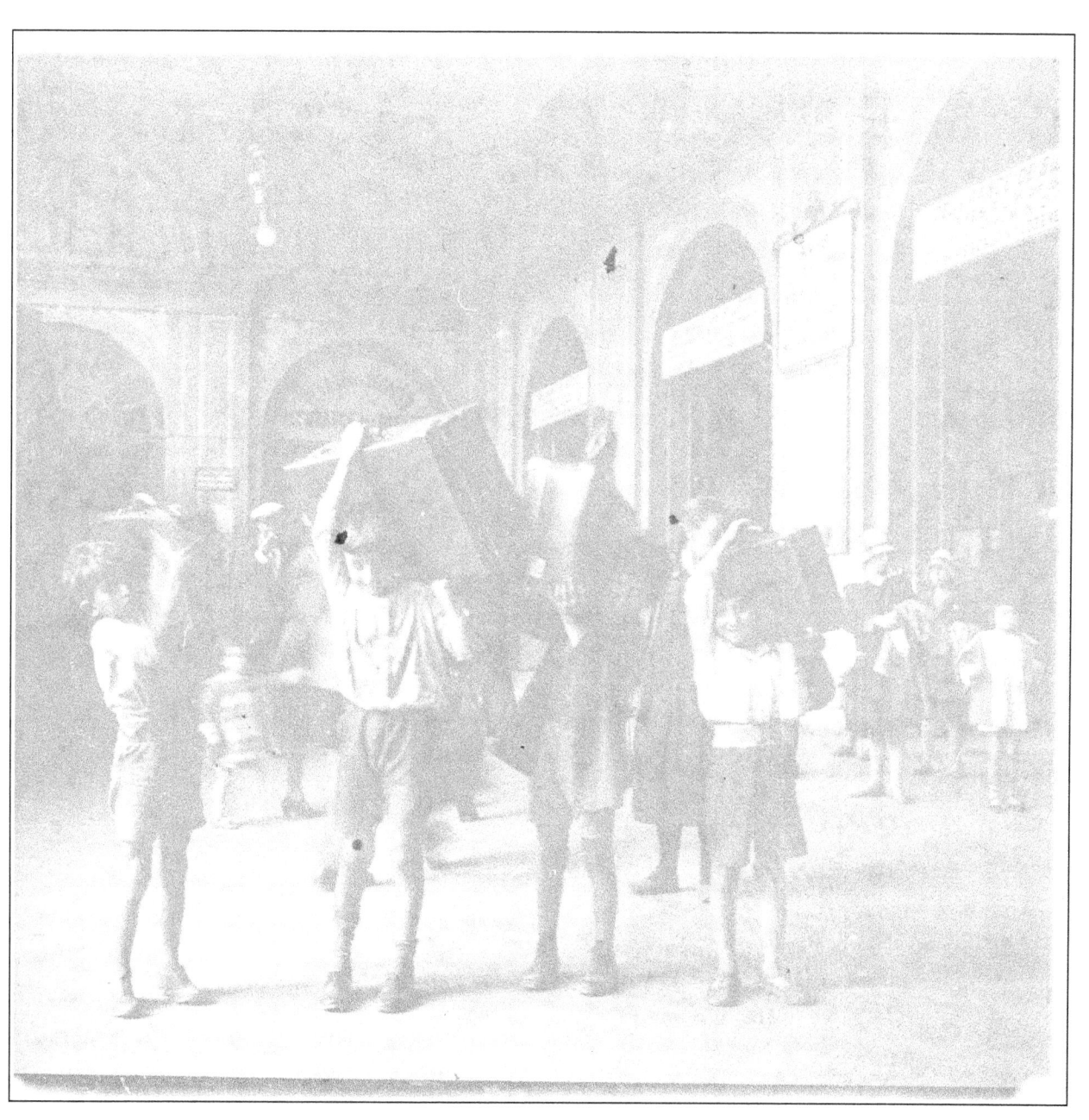

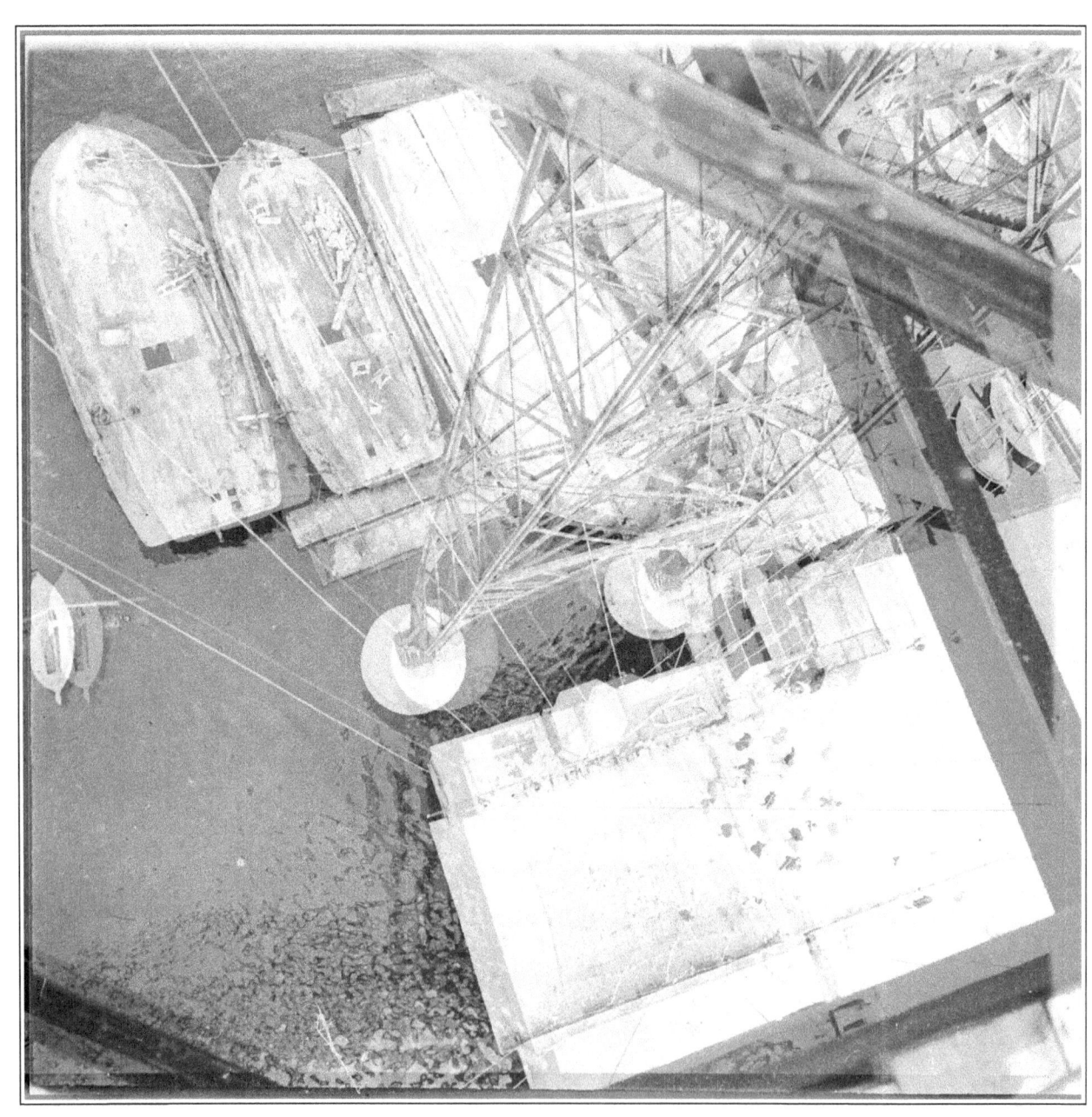

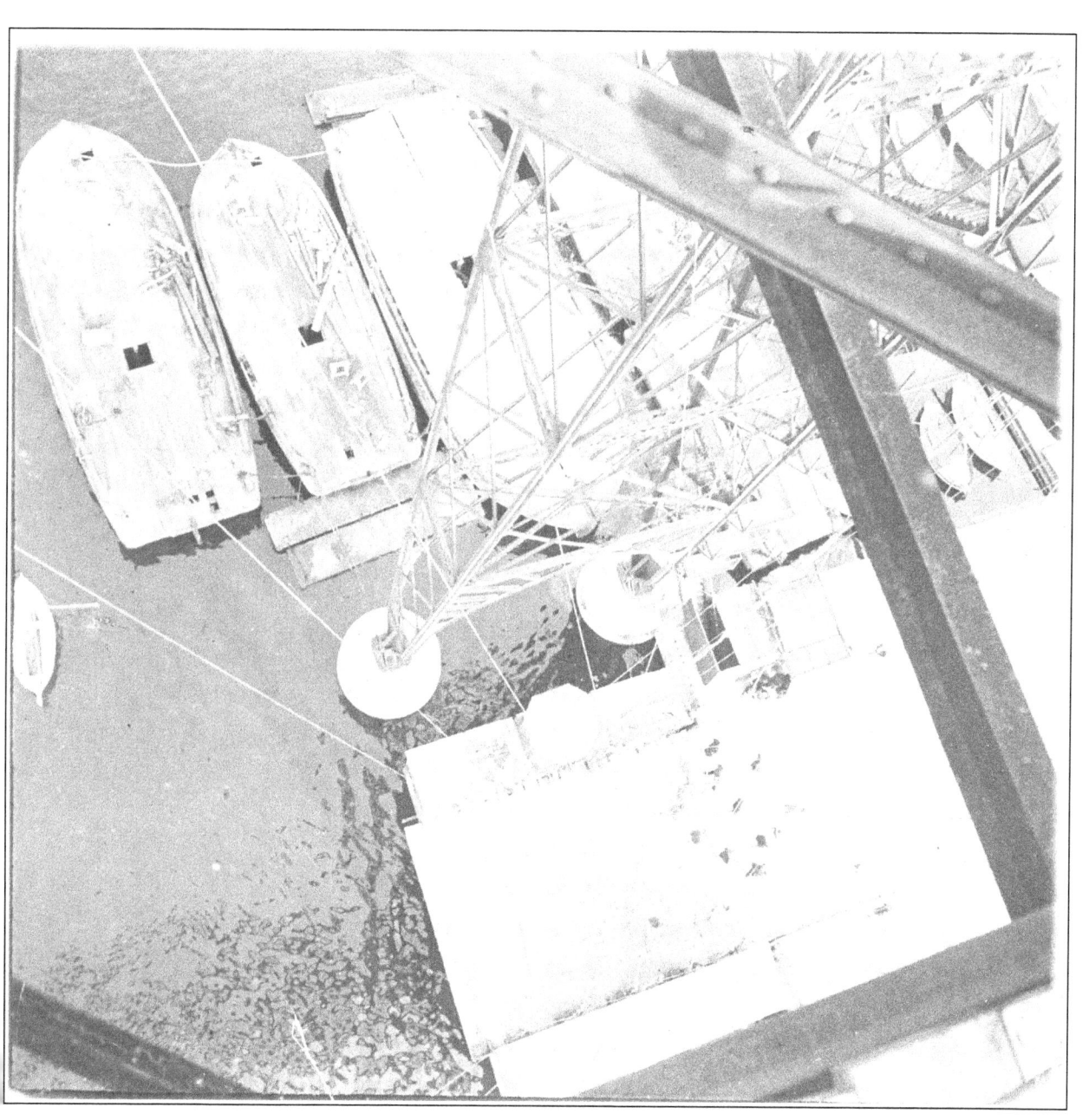

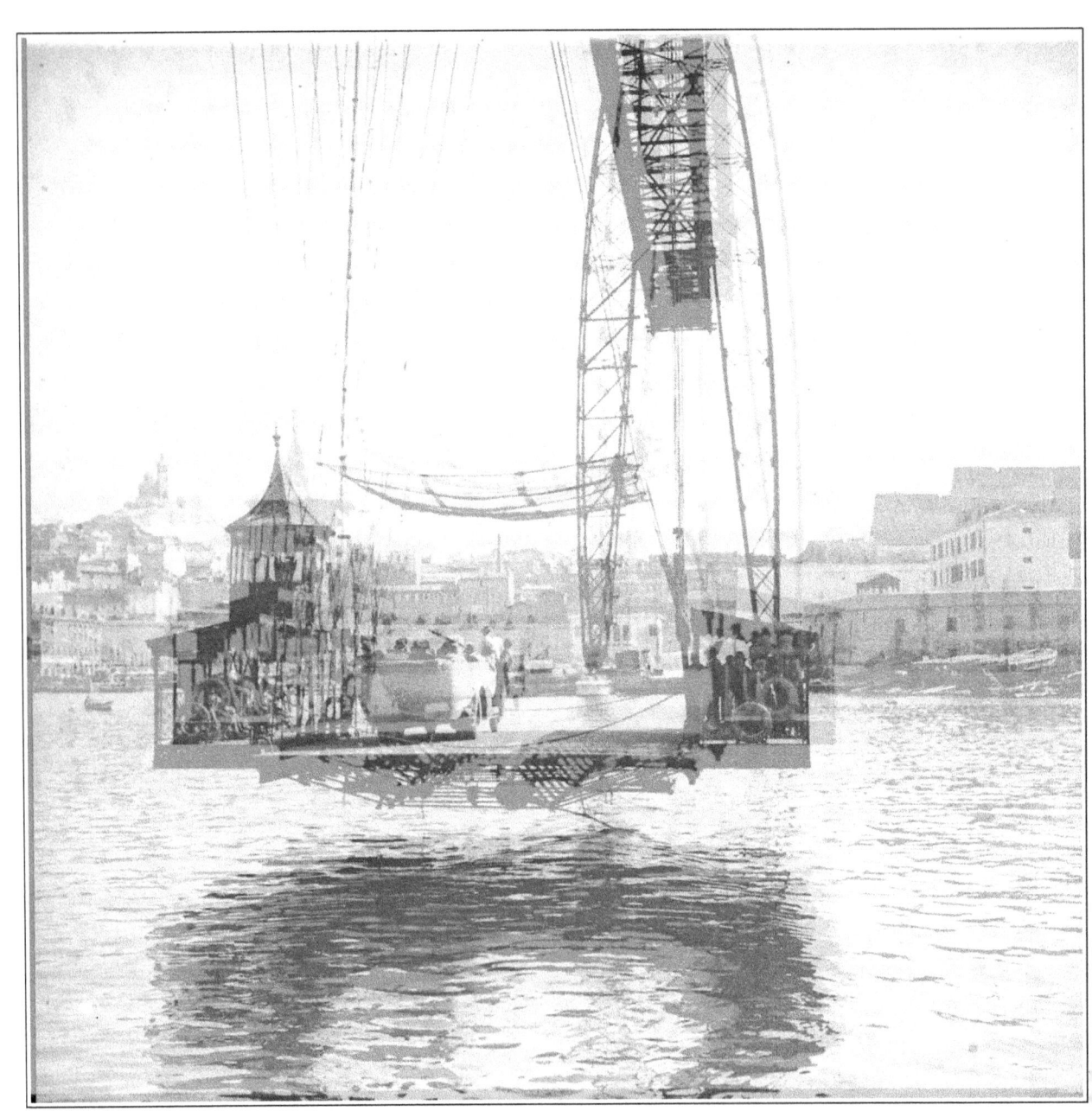

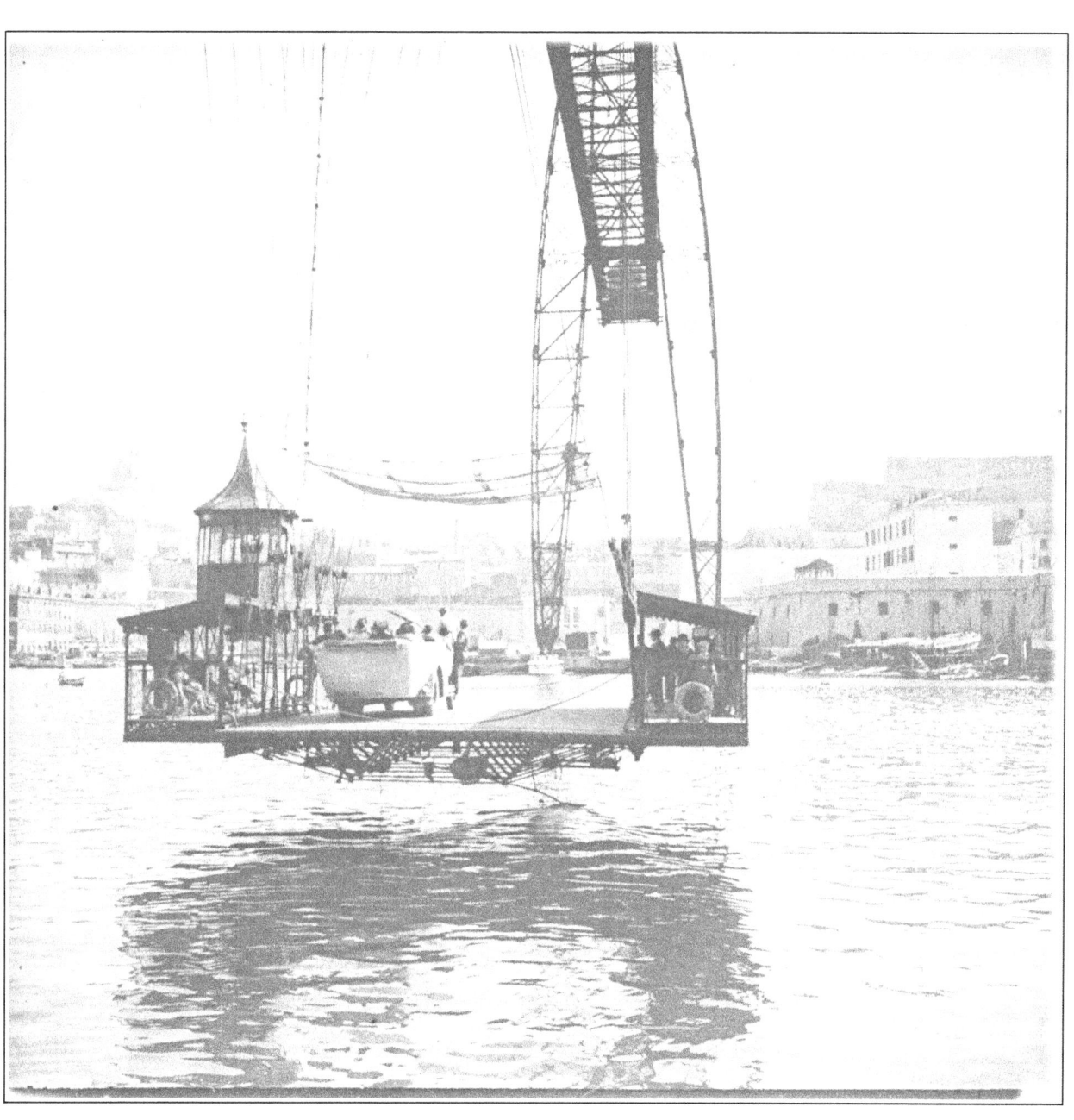

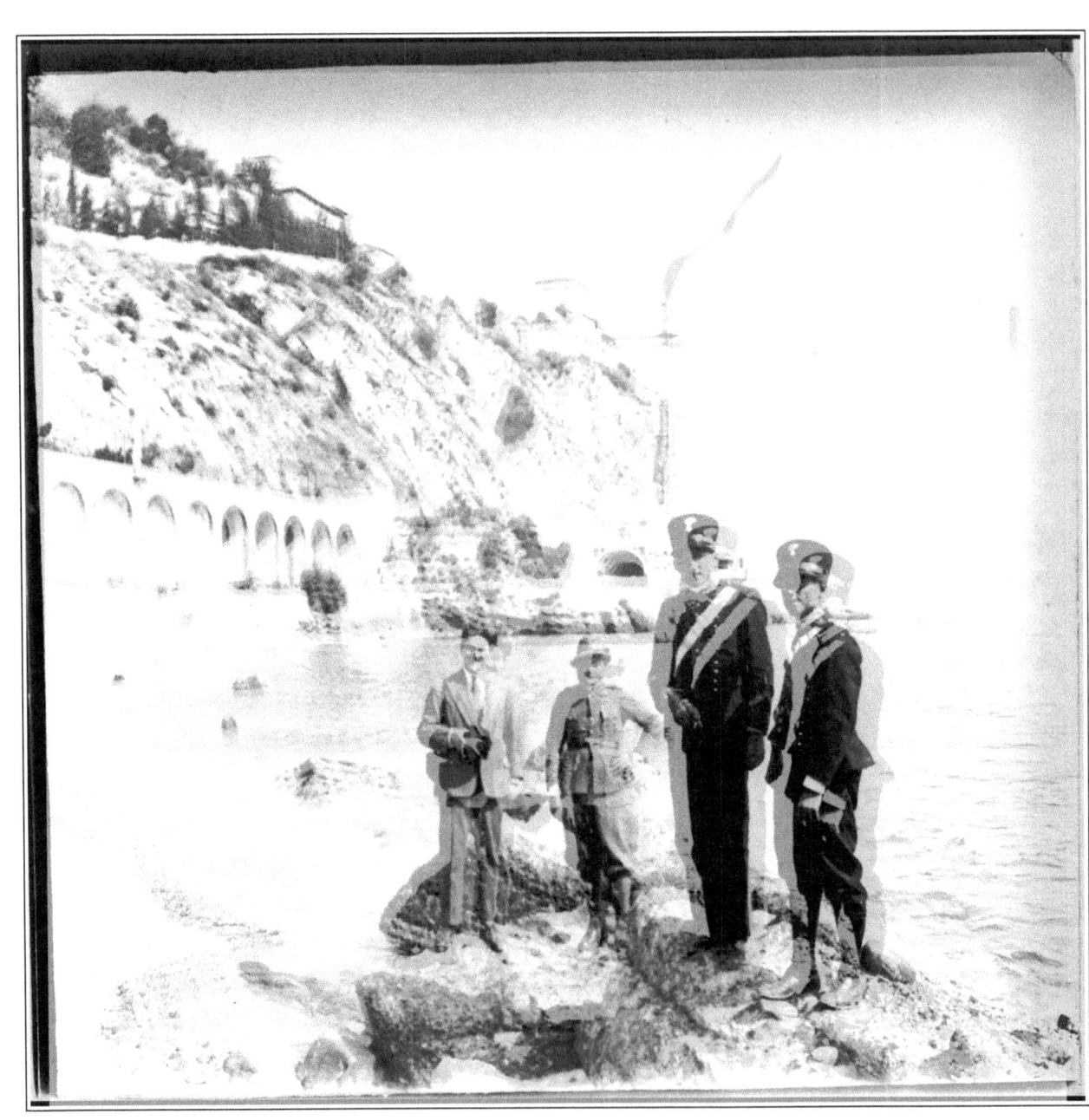

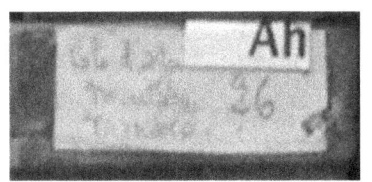

Boîte Ah :
Côte d'Azur 26
Menton, Monaco

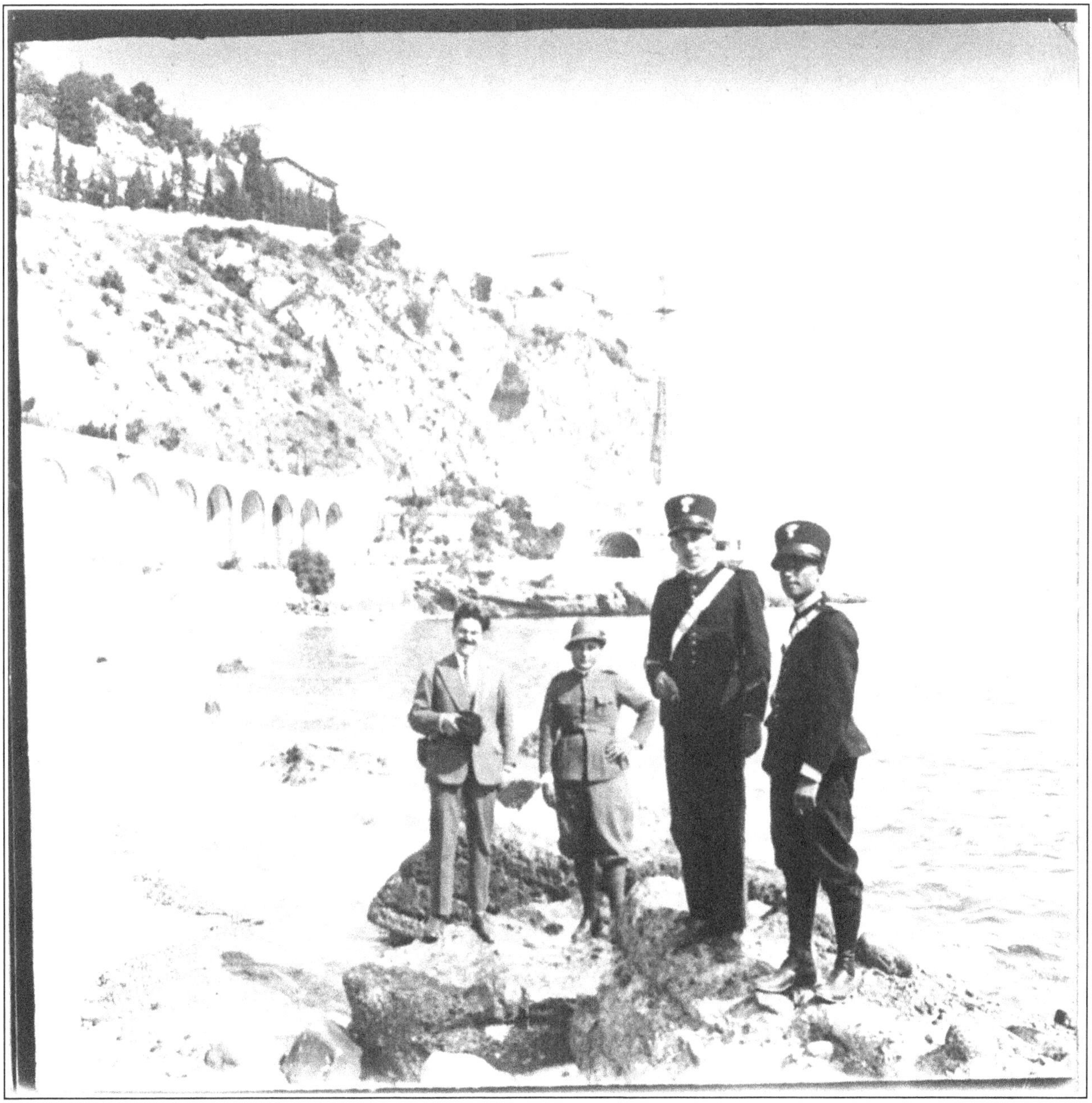

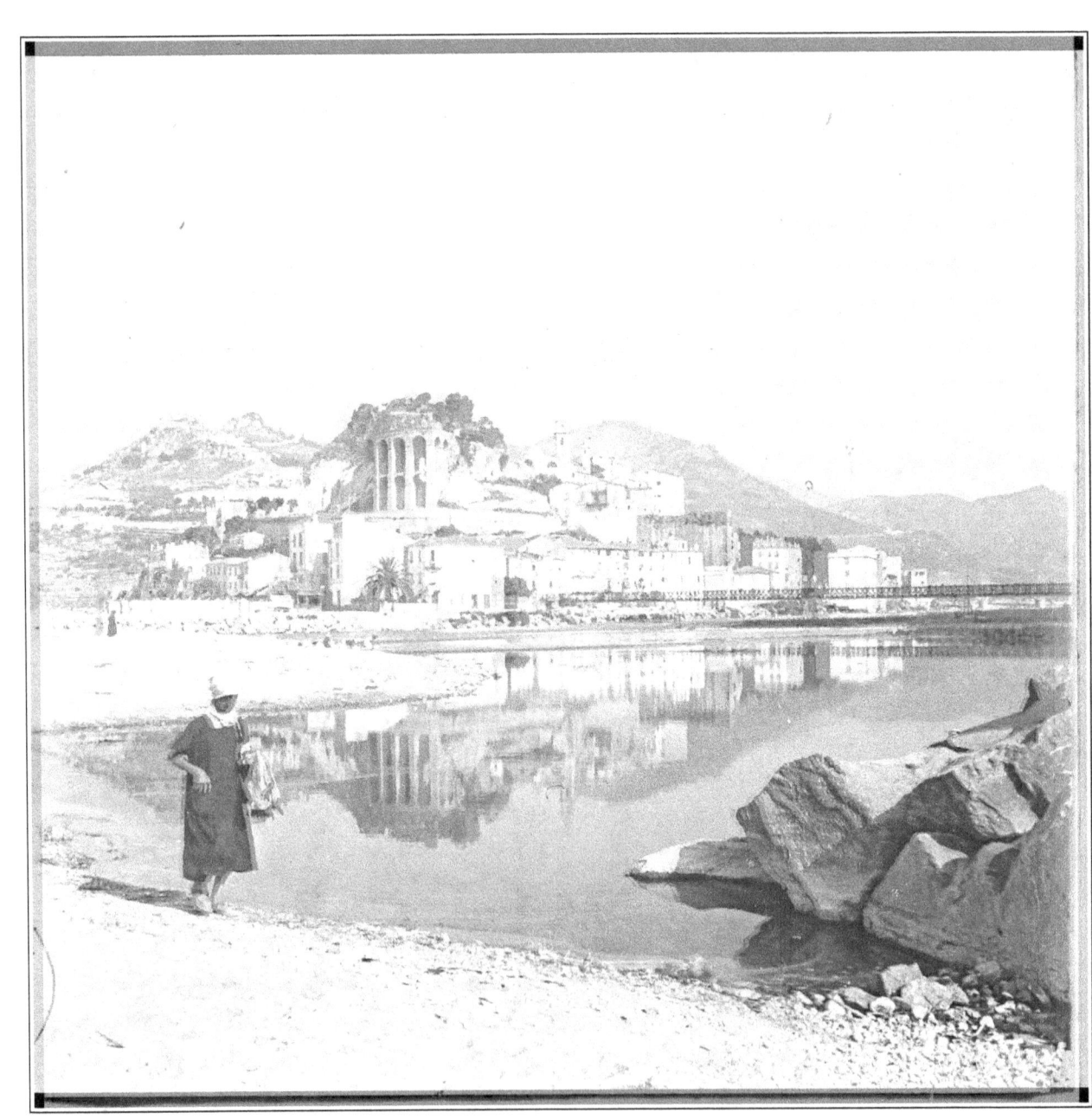

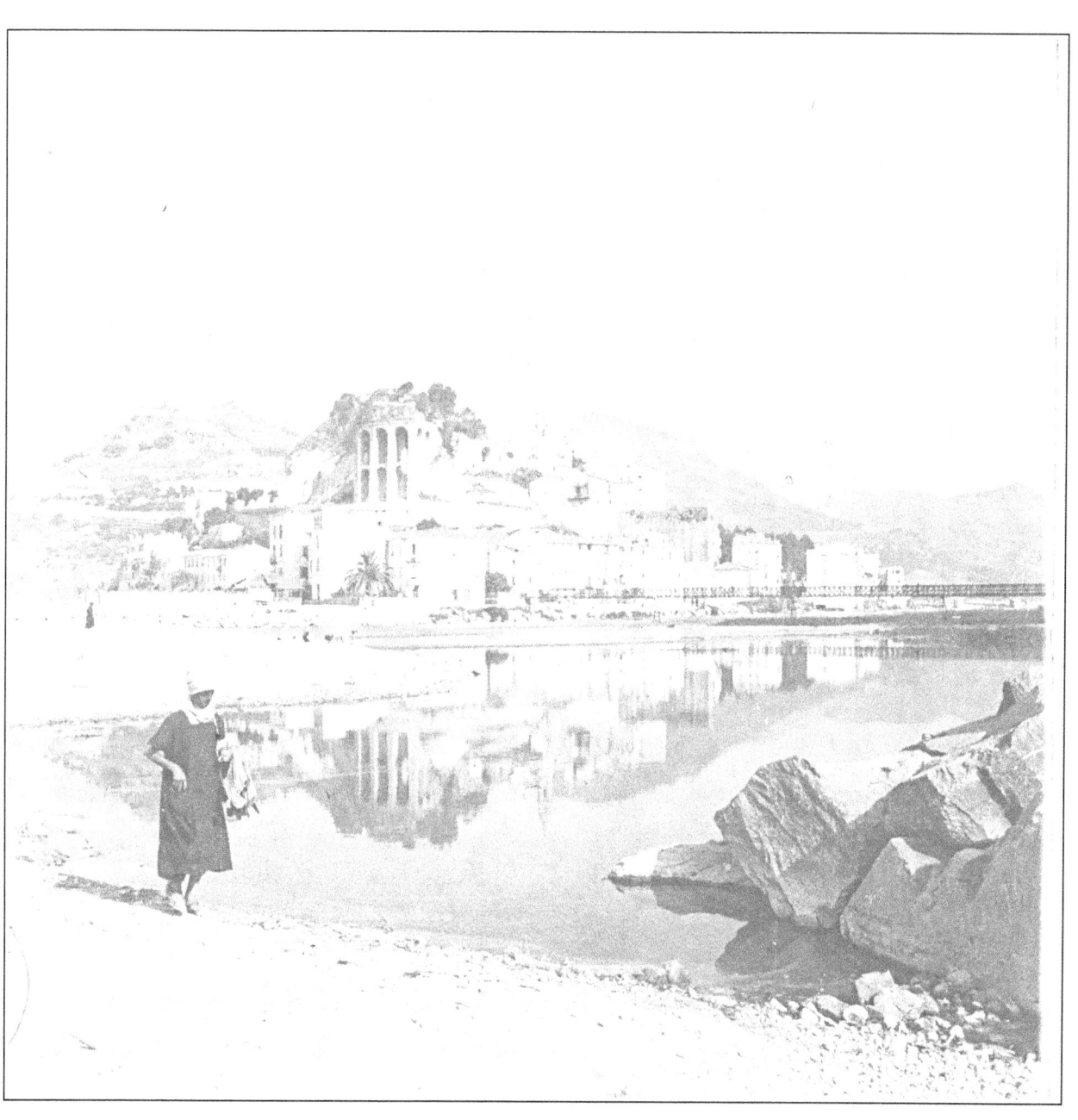

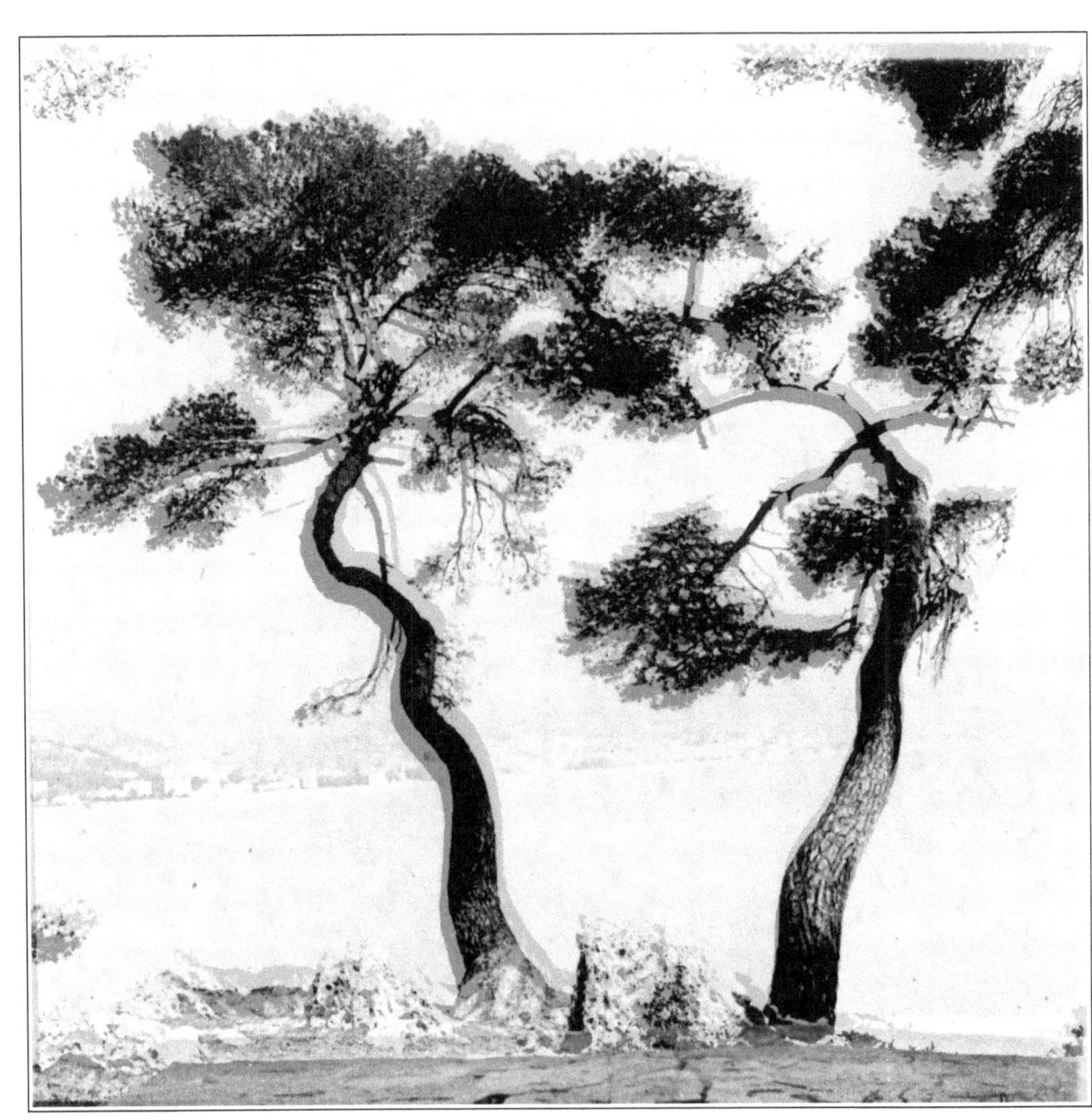

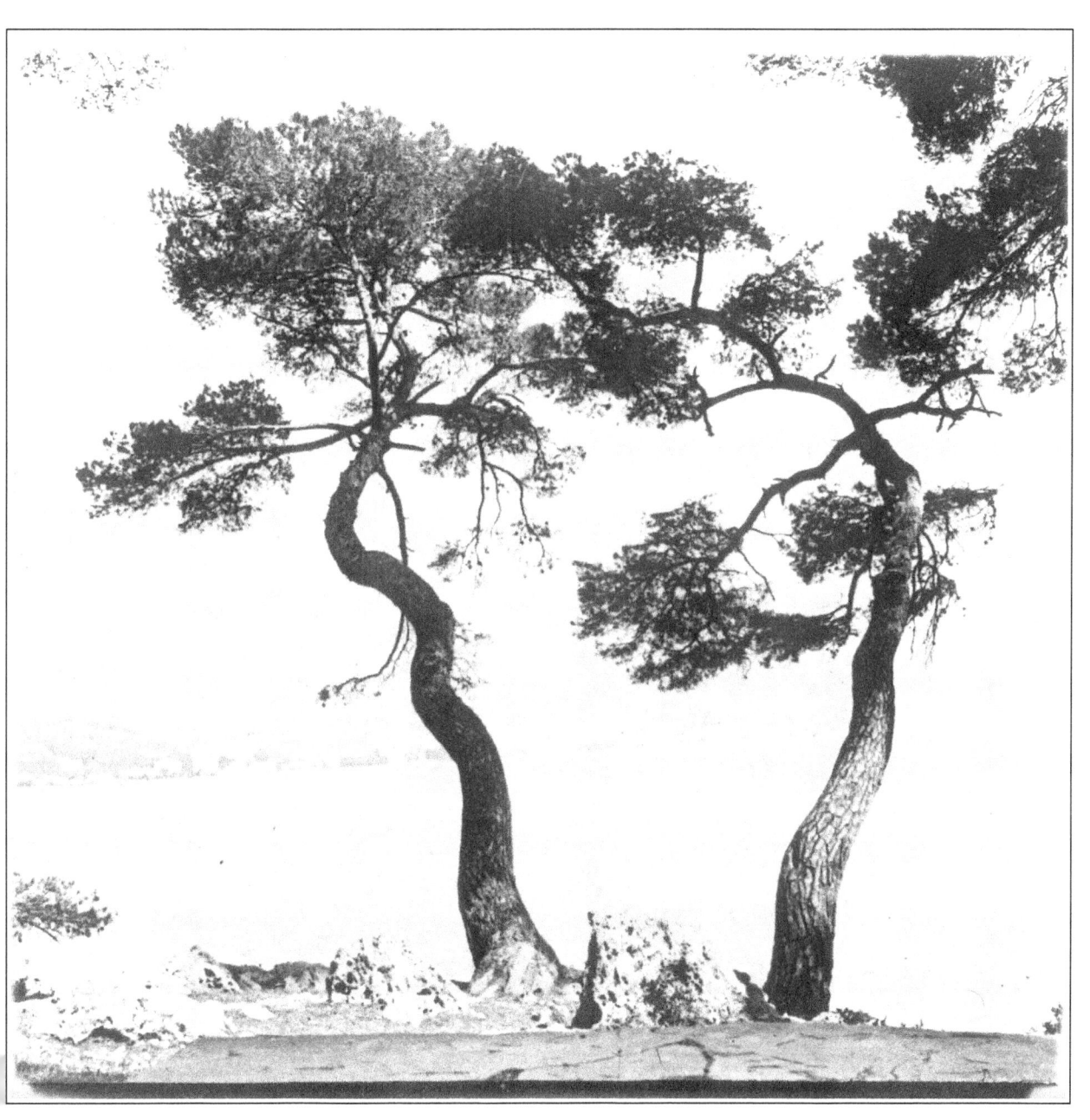

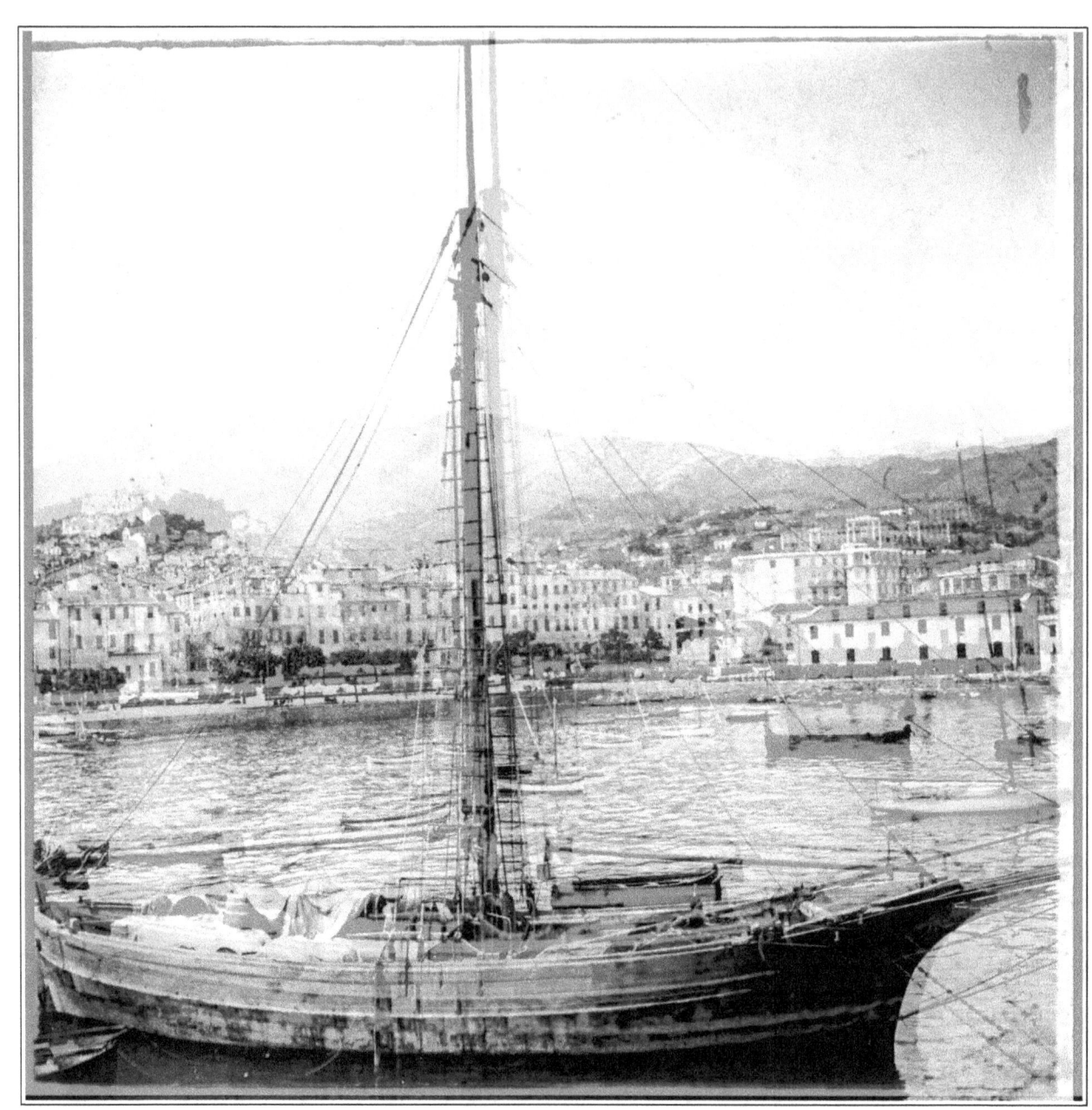

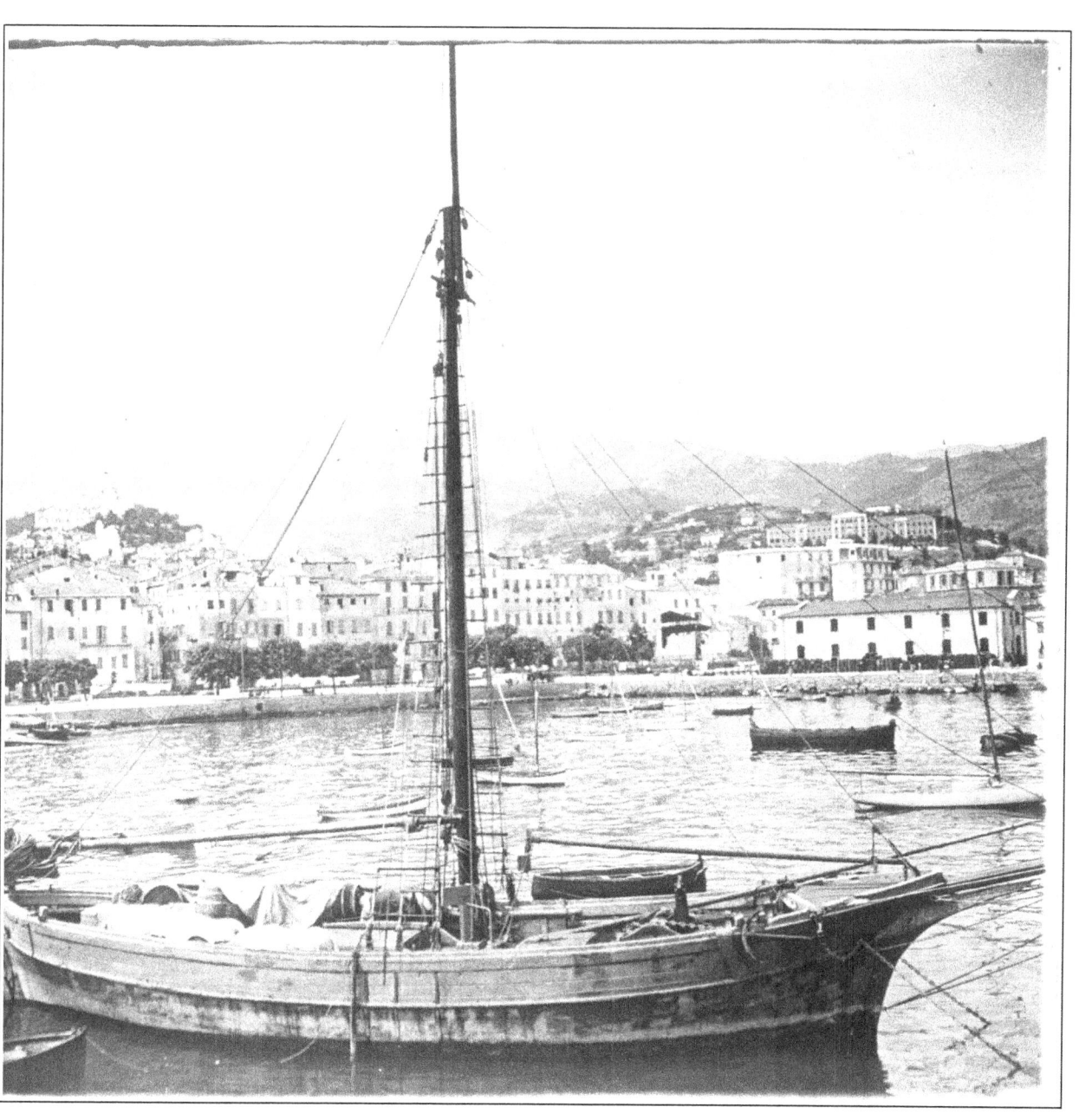

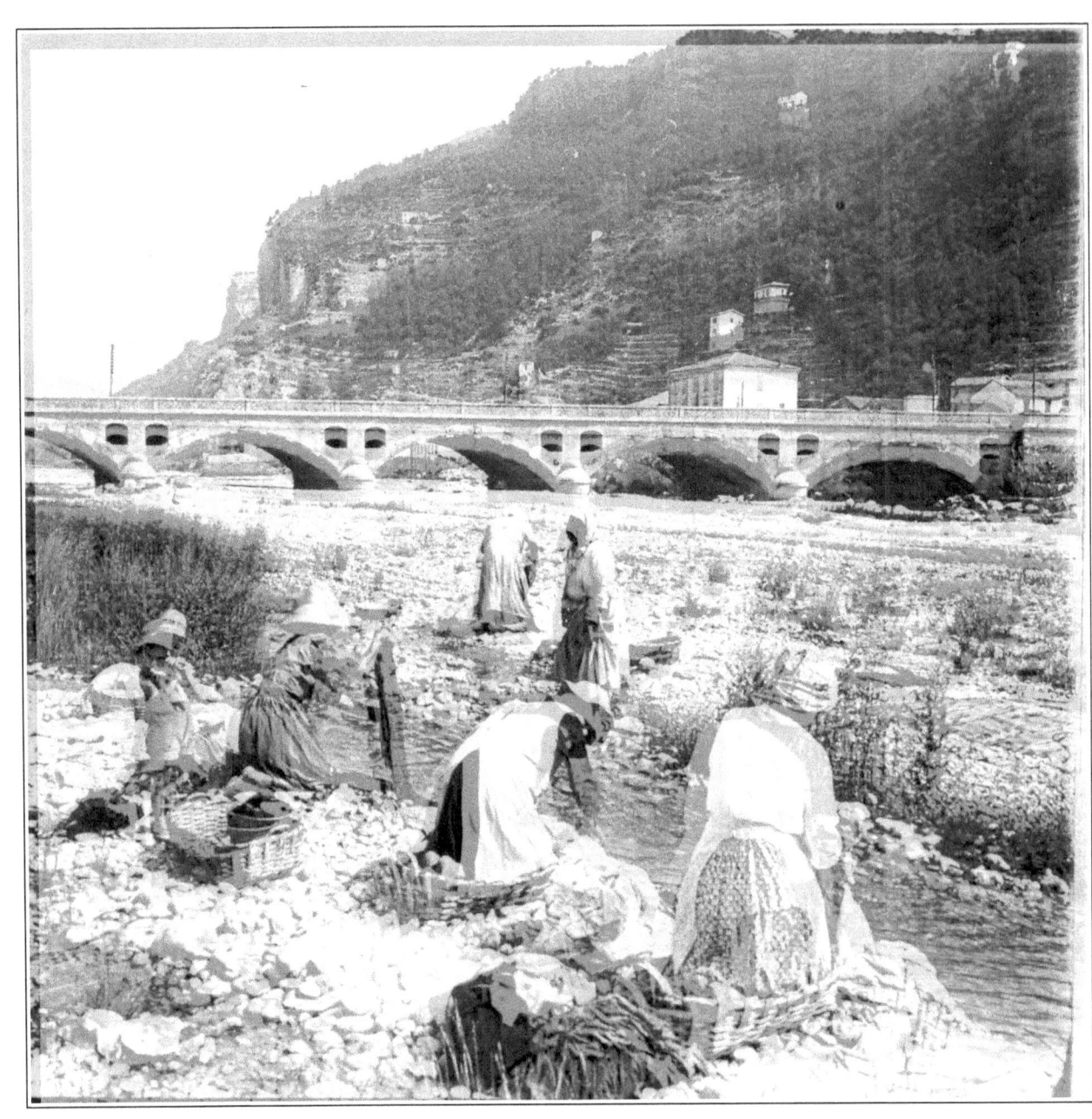

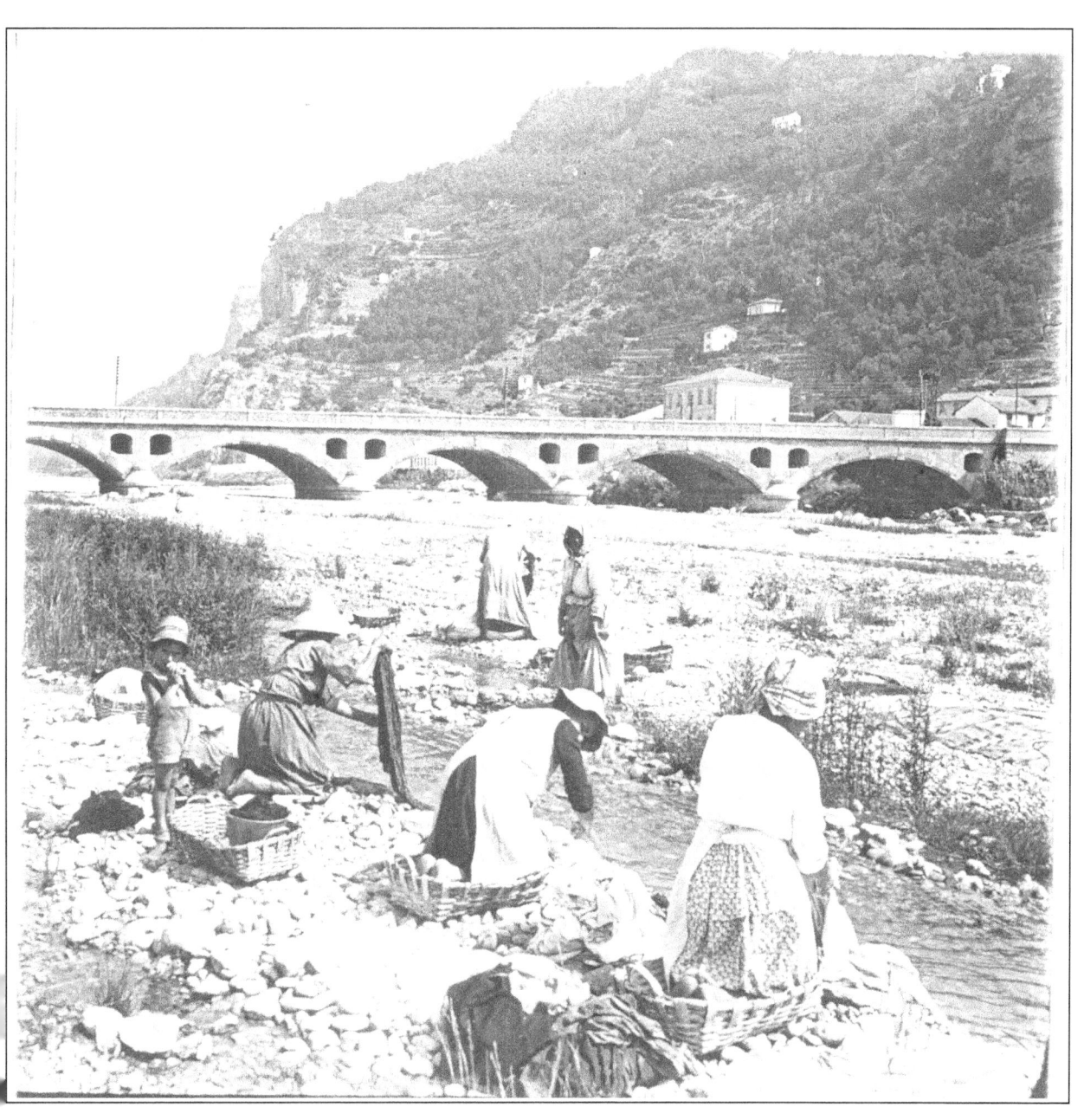

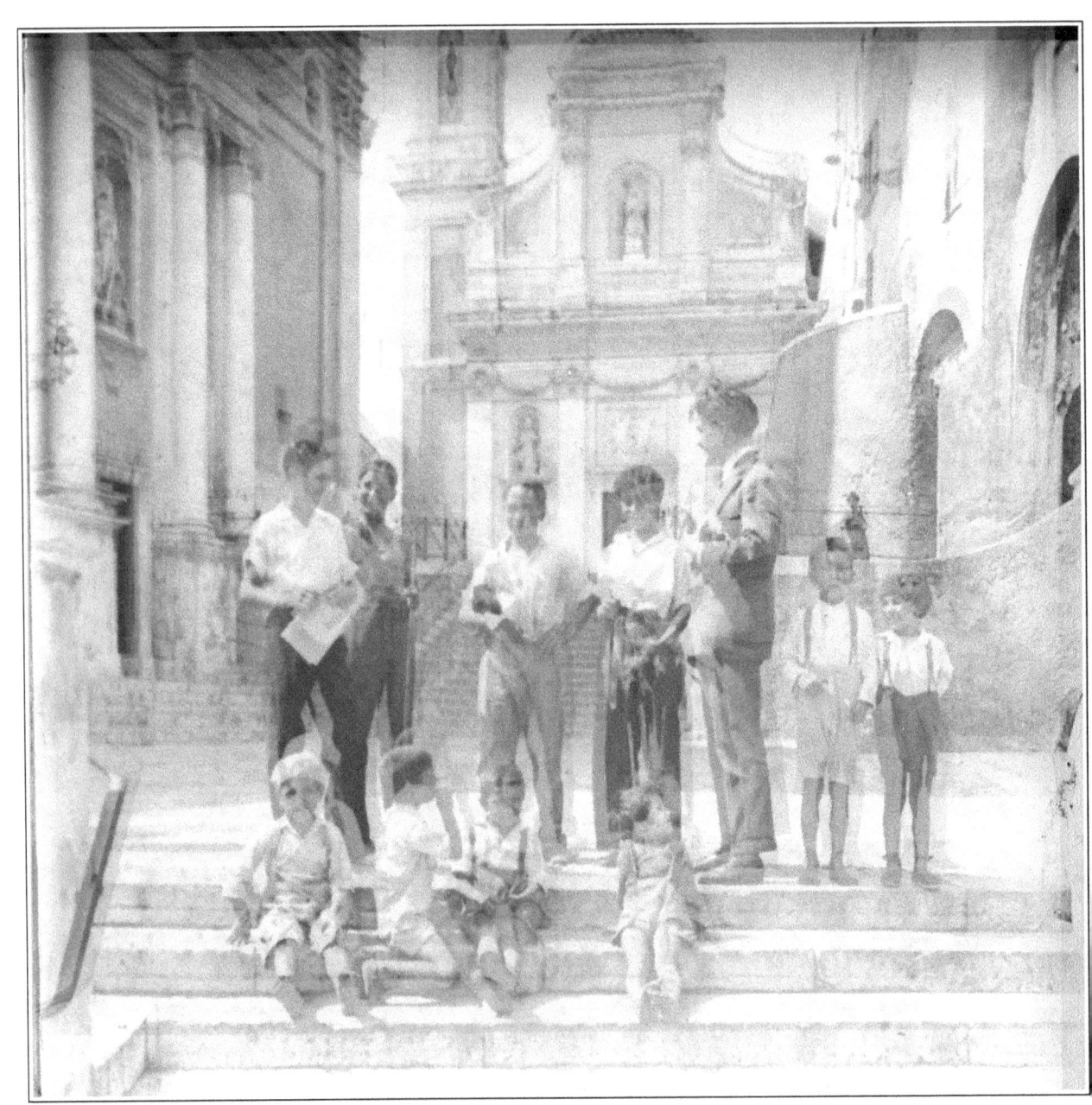

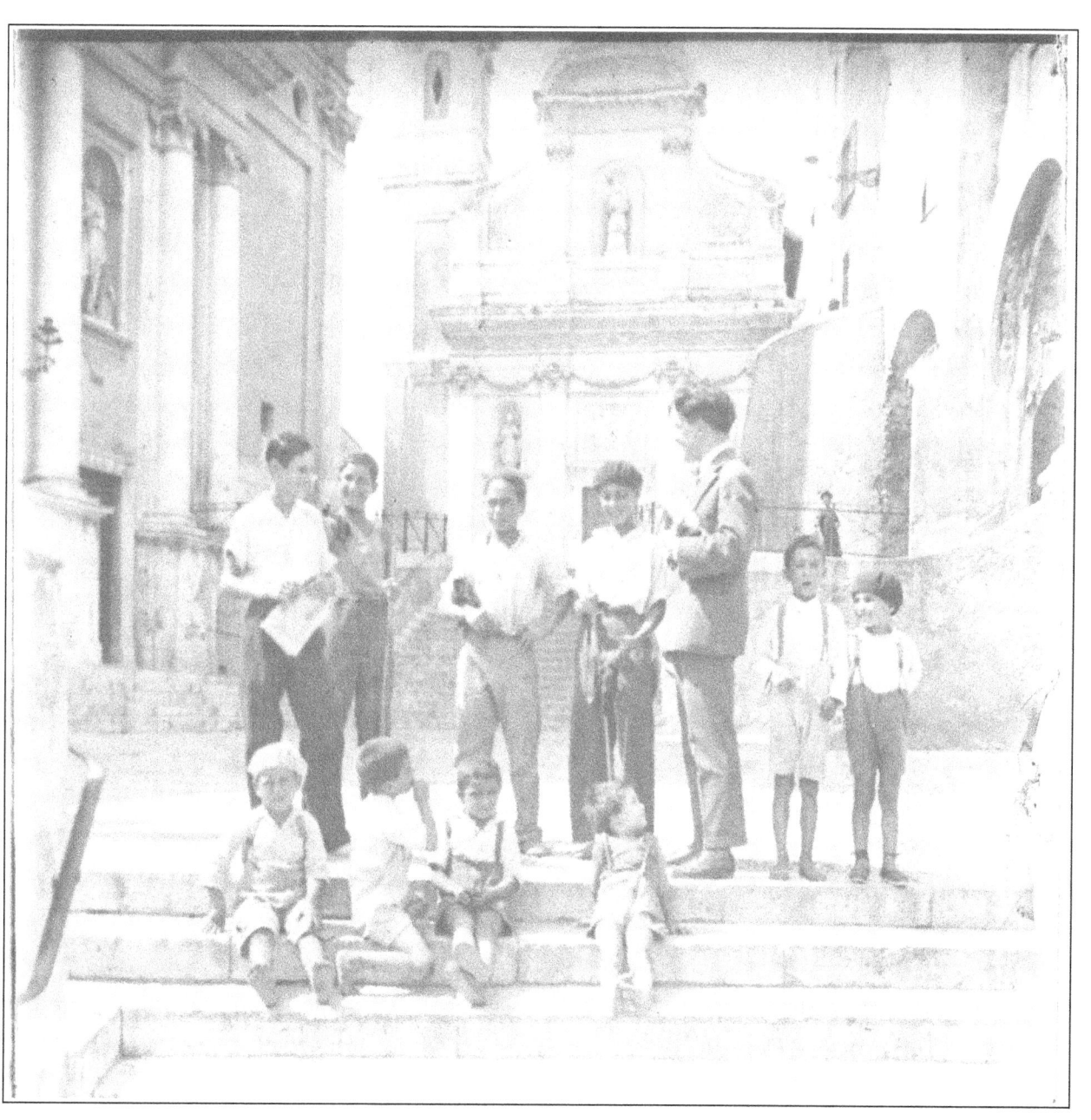

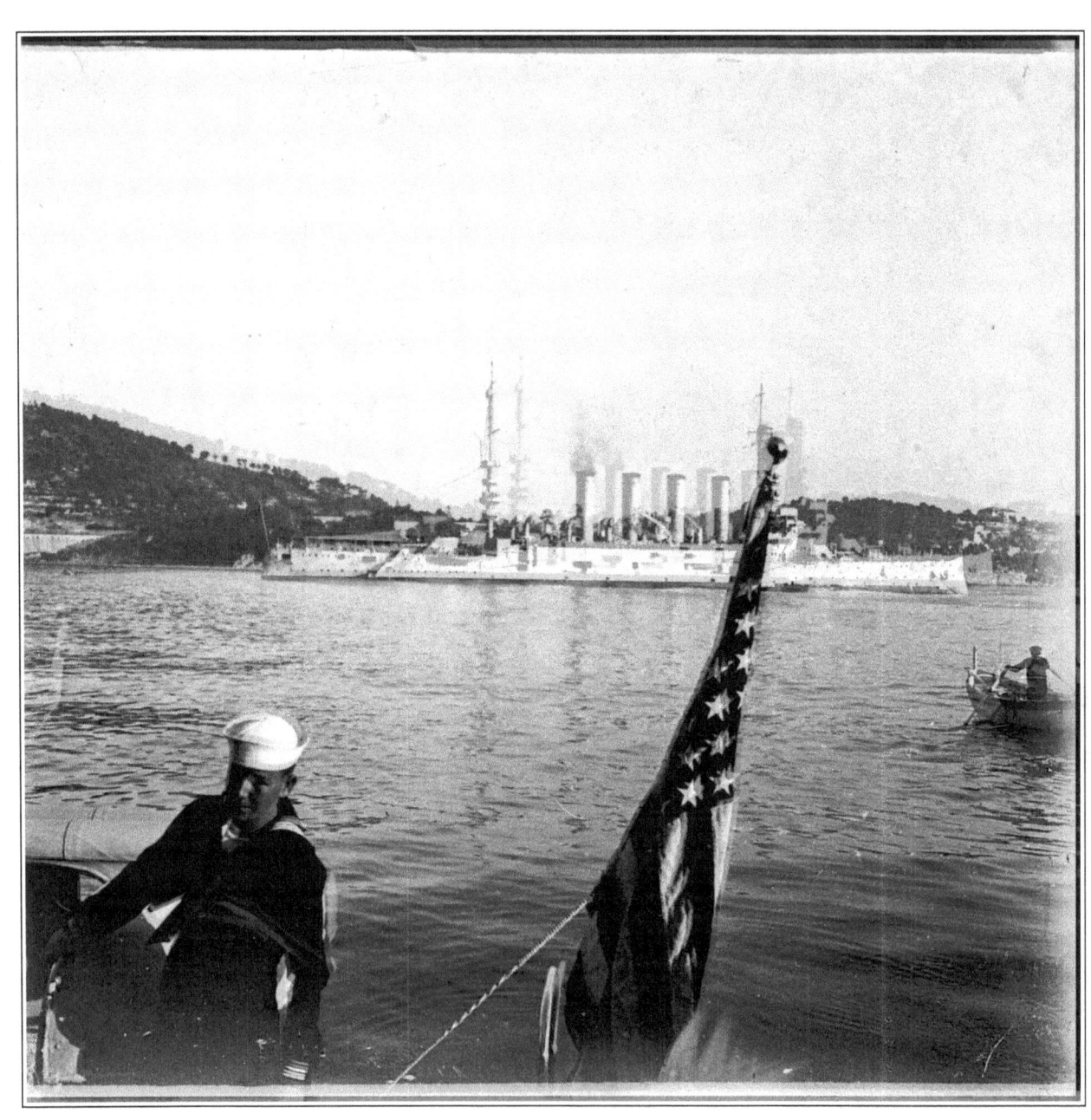

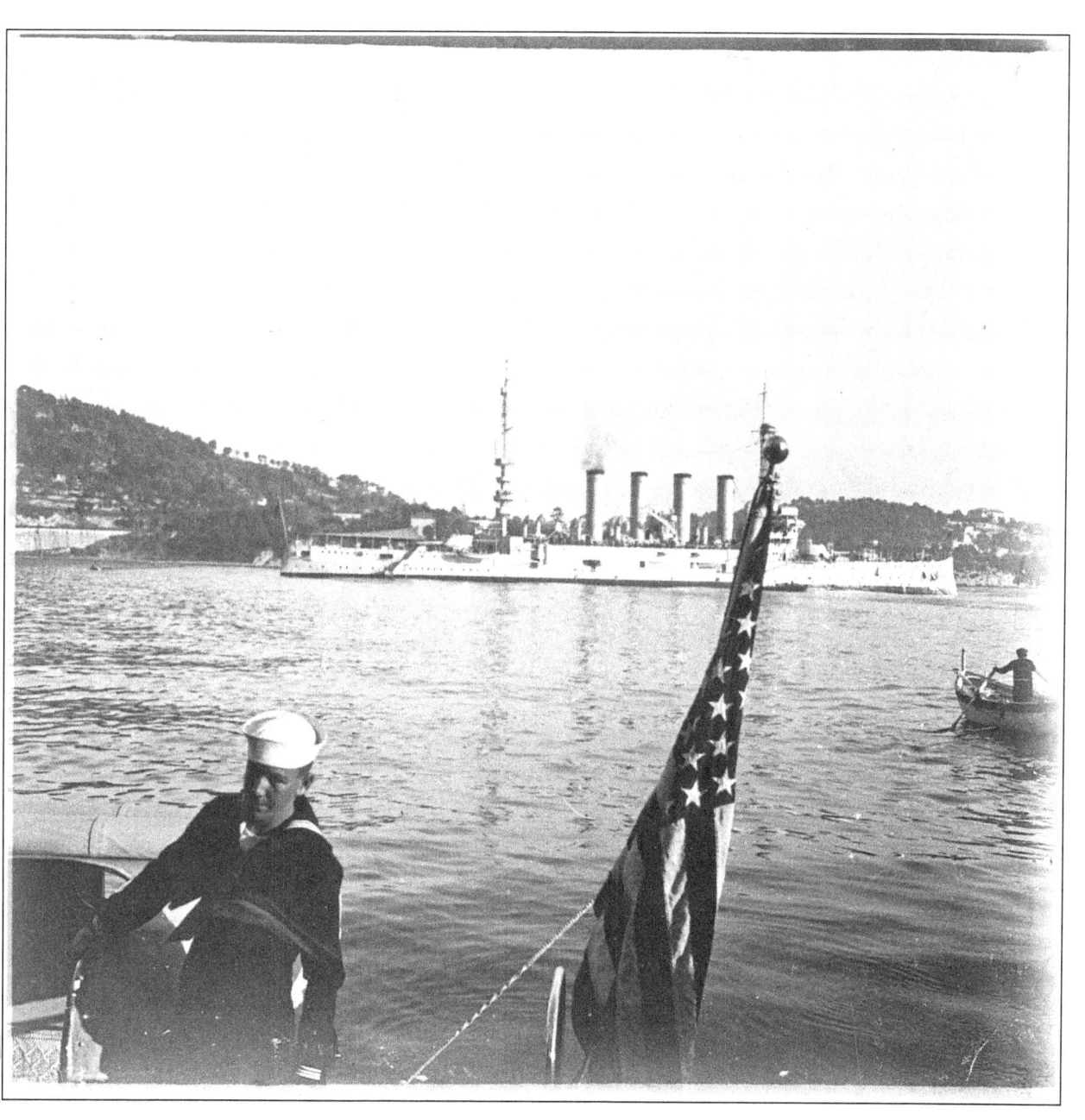

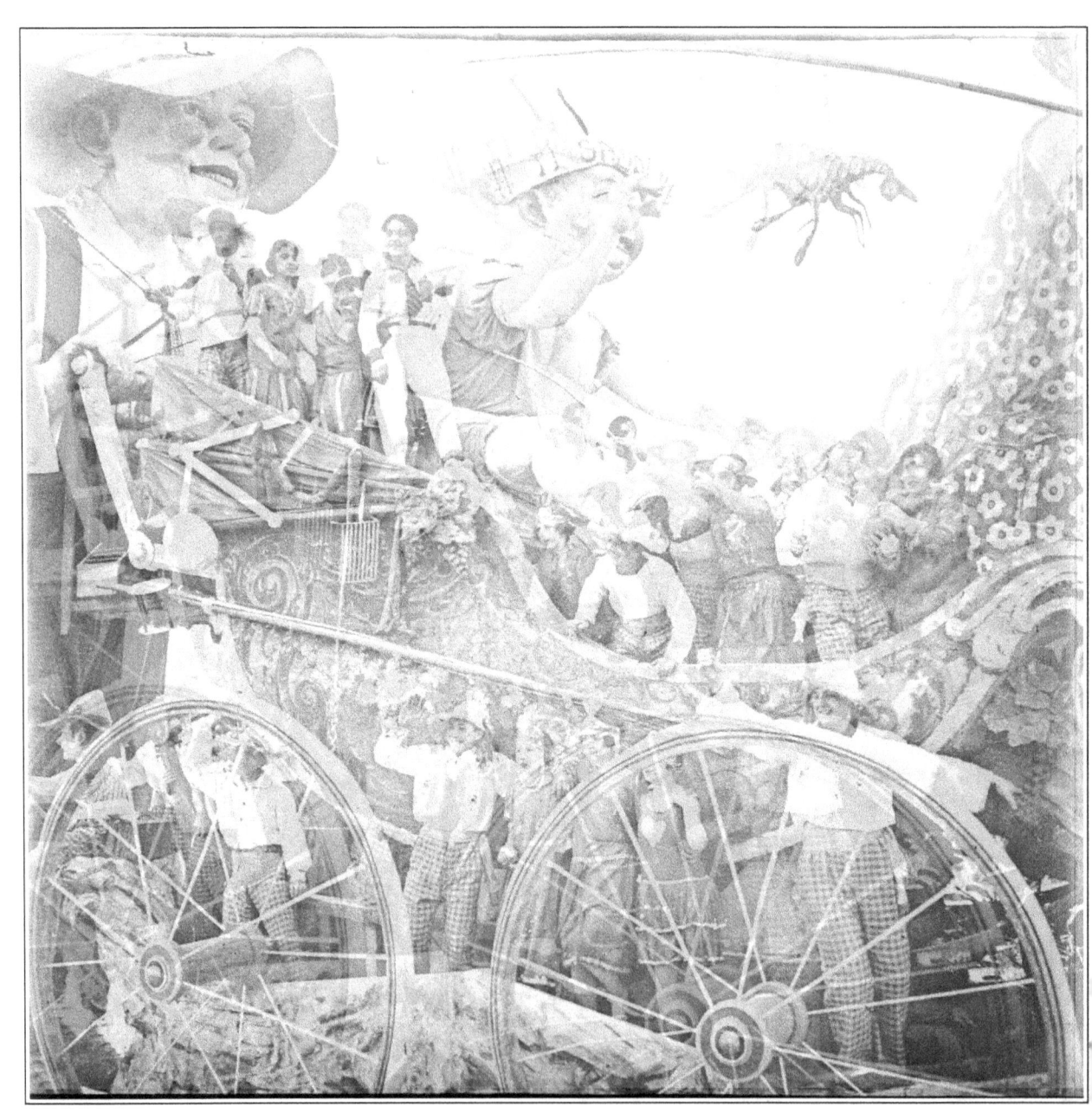

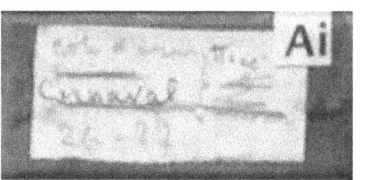

Boîte Ai :
Côte d'Azur 26-27
Nice, Carnaval

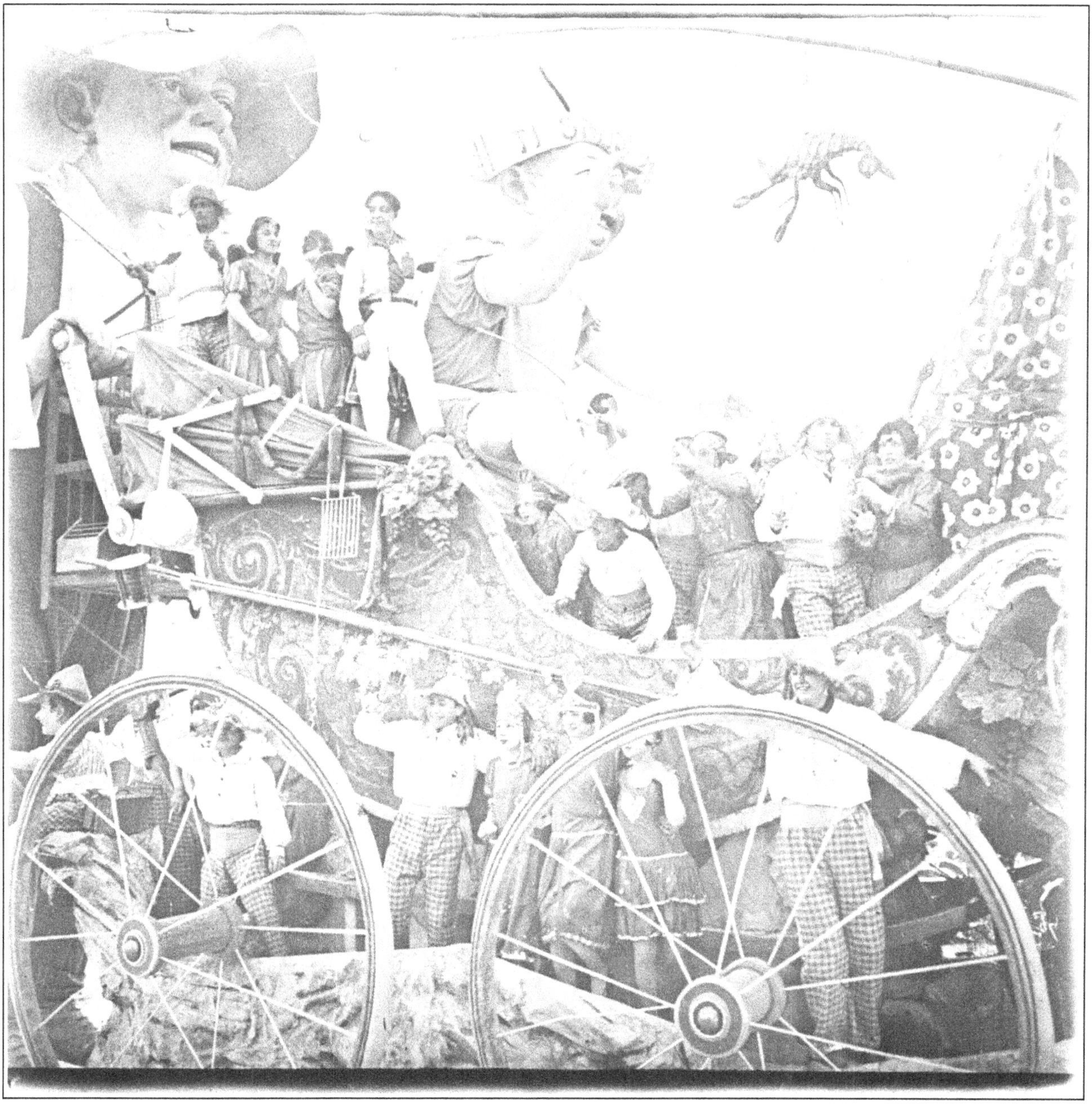

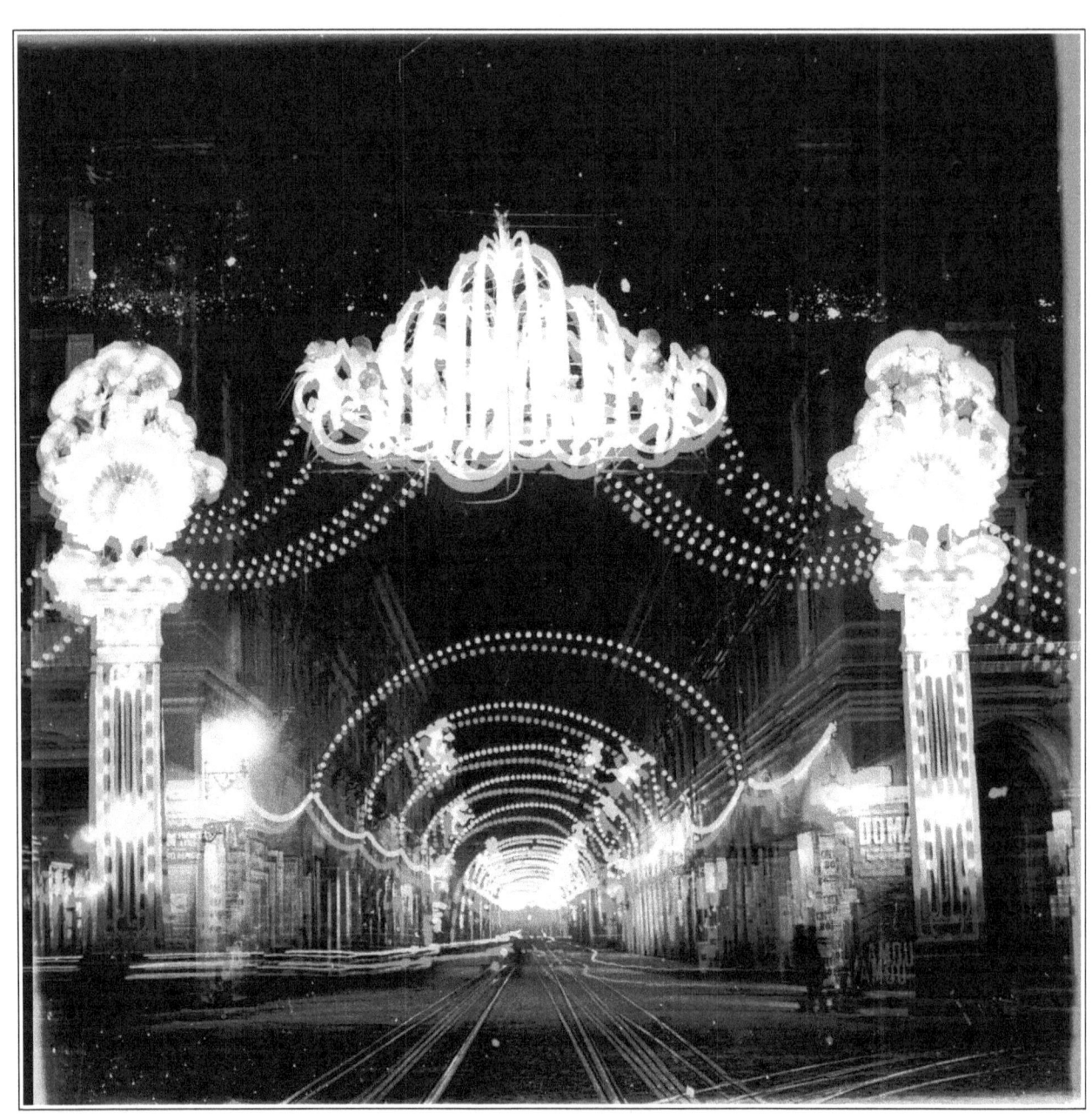

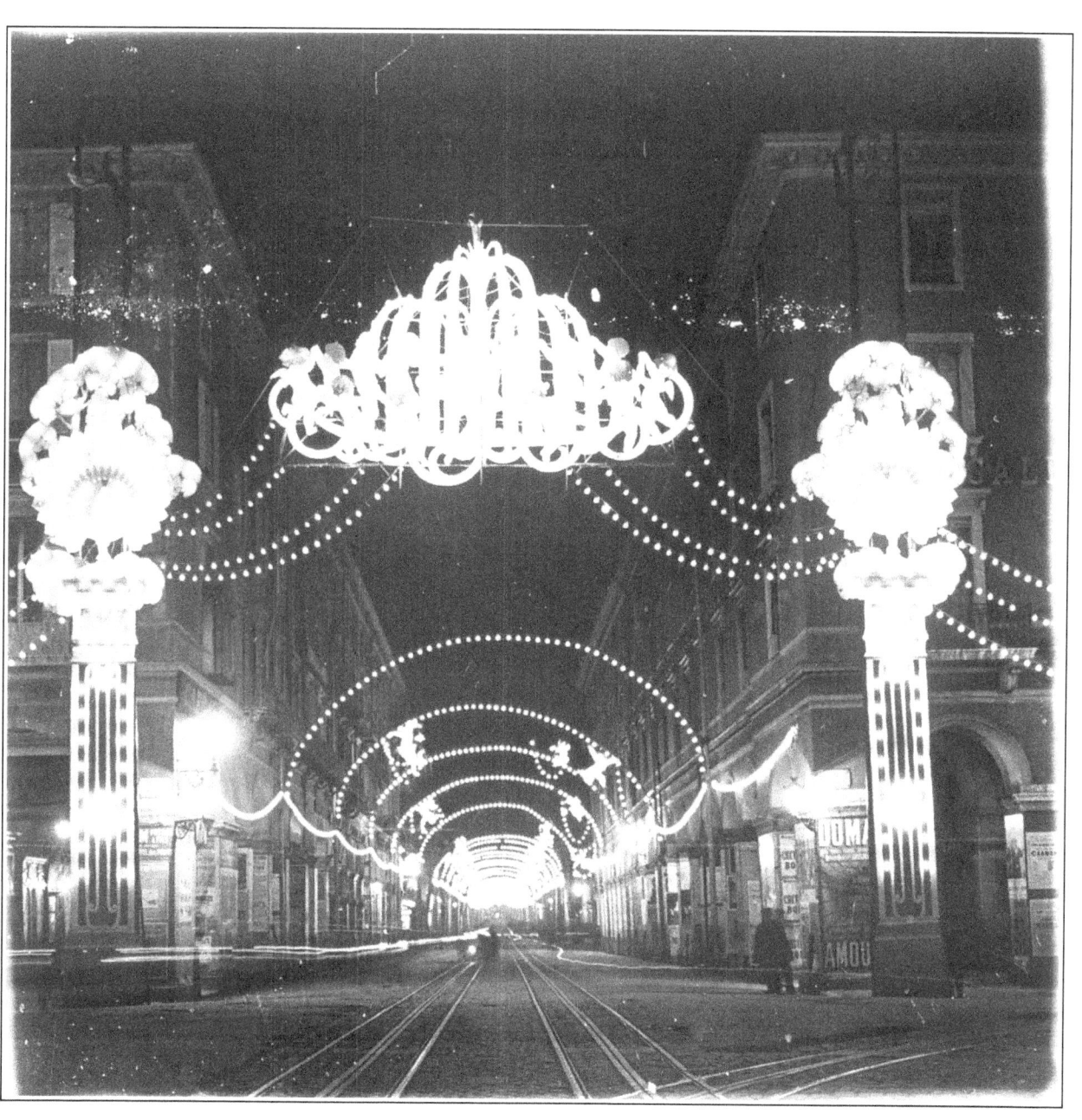

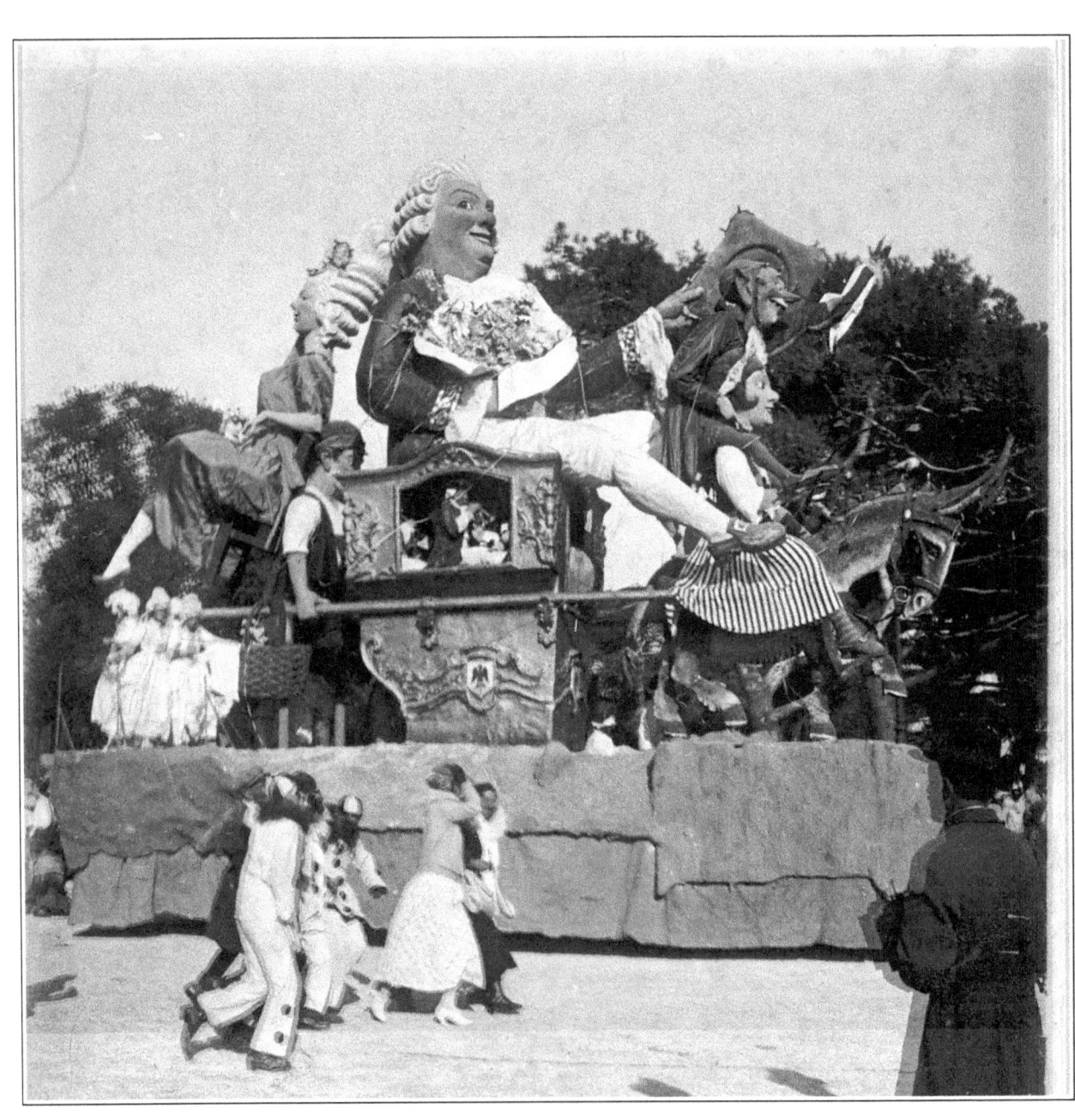

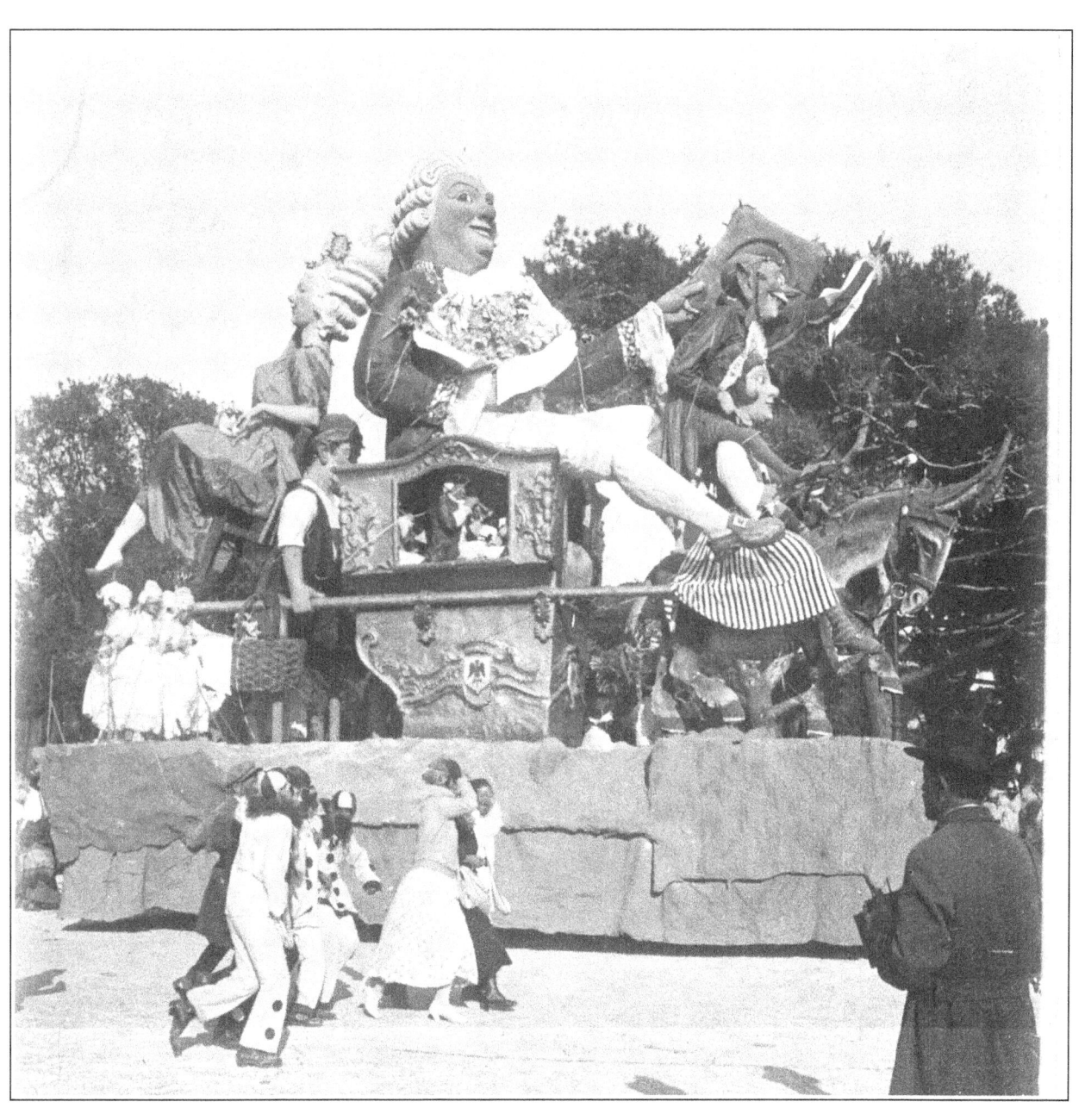

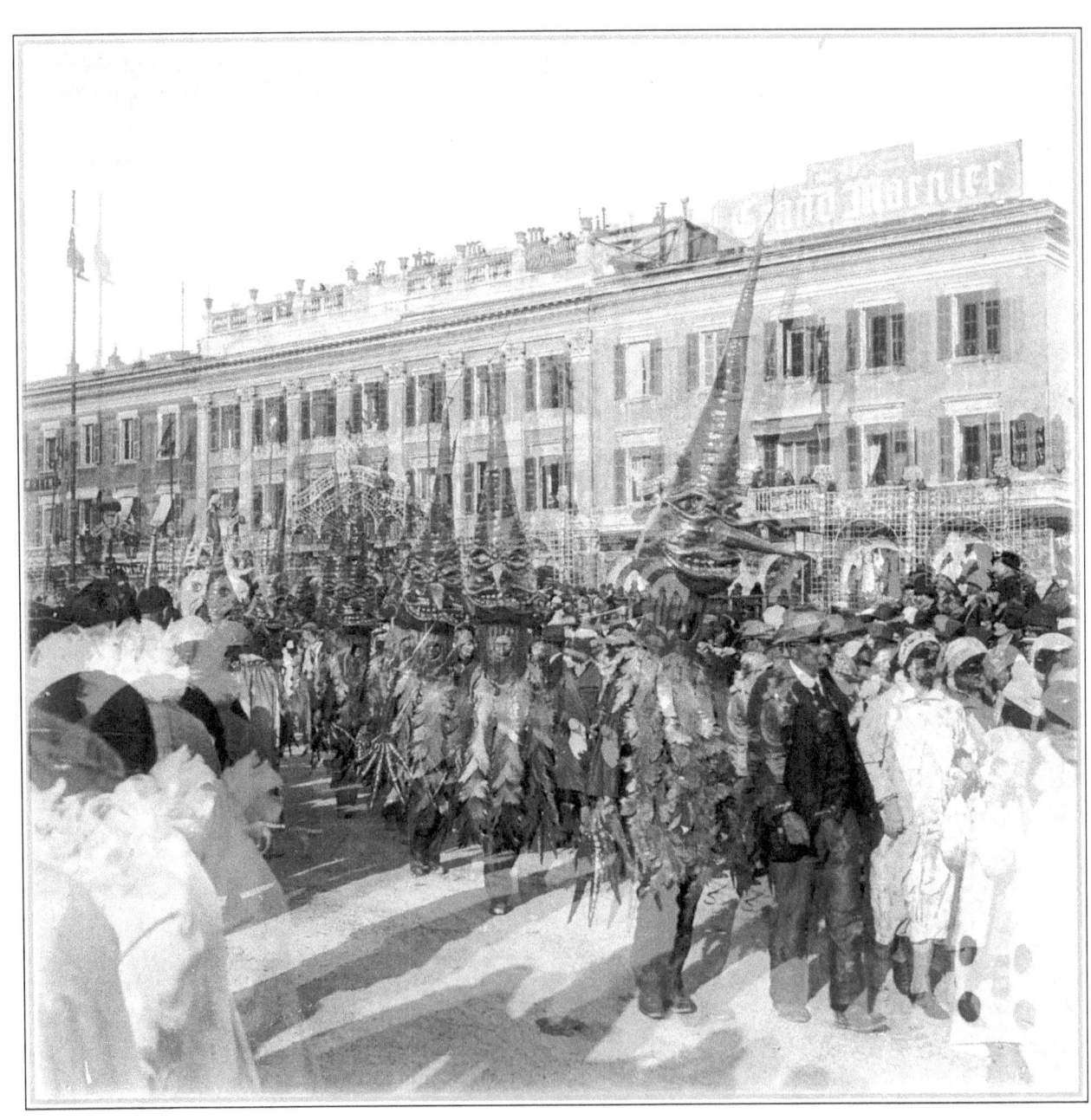

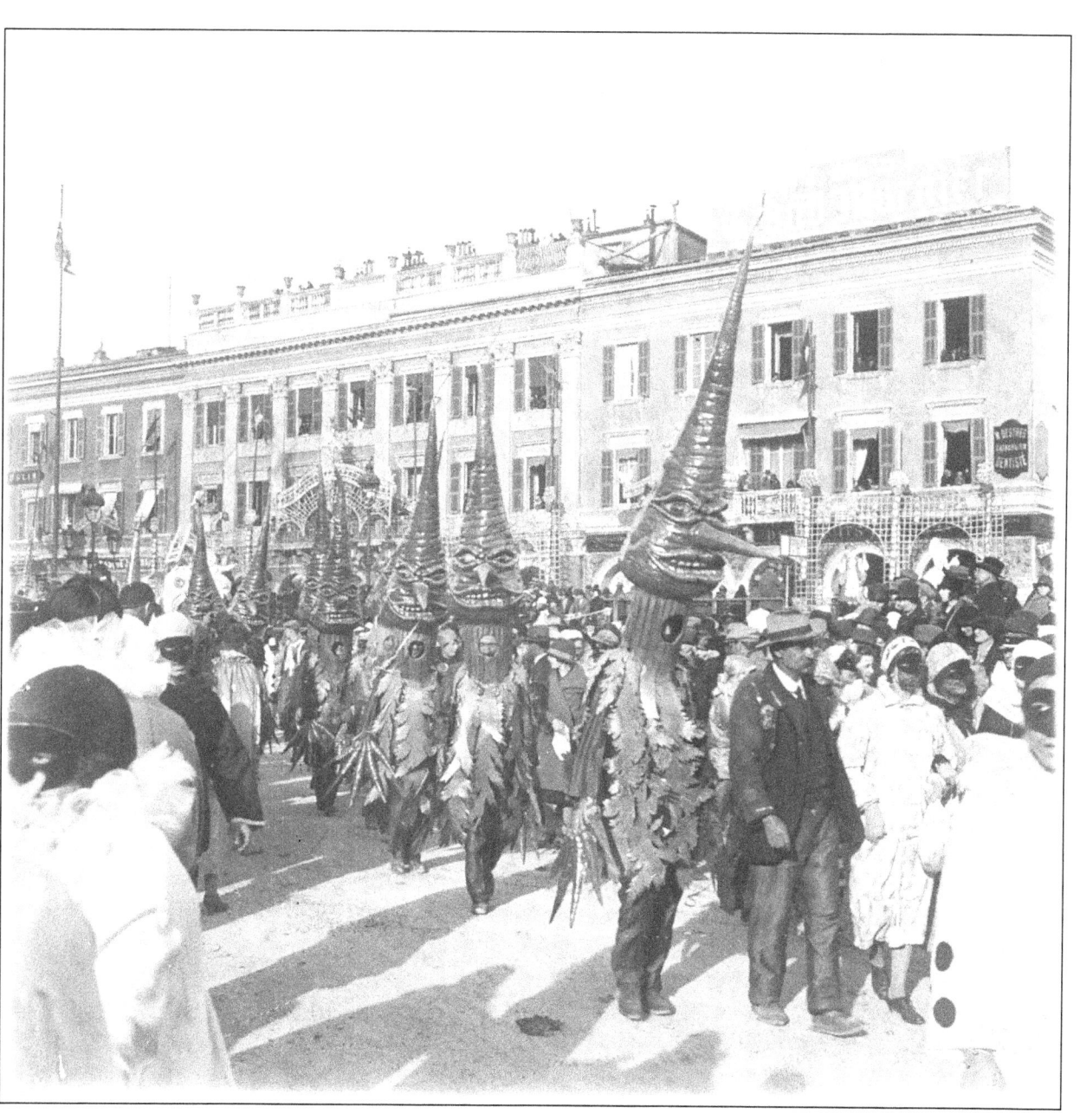

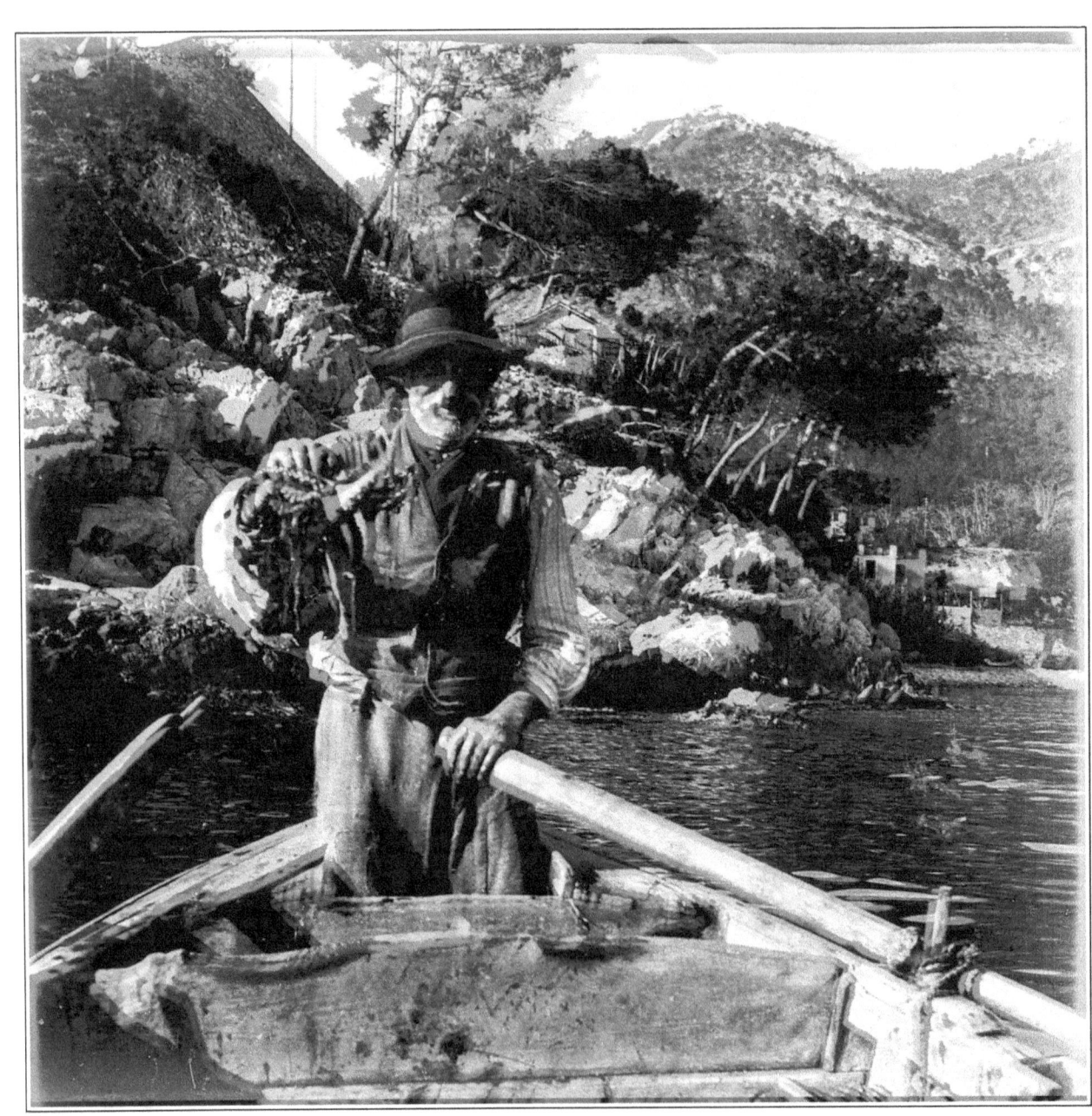

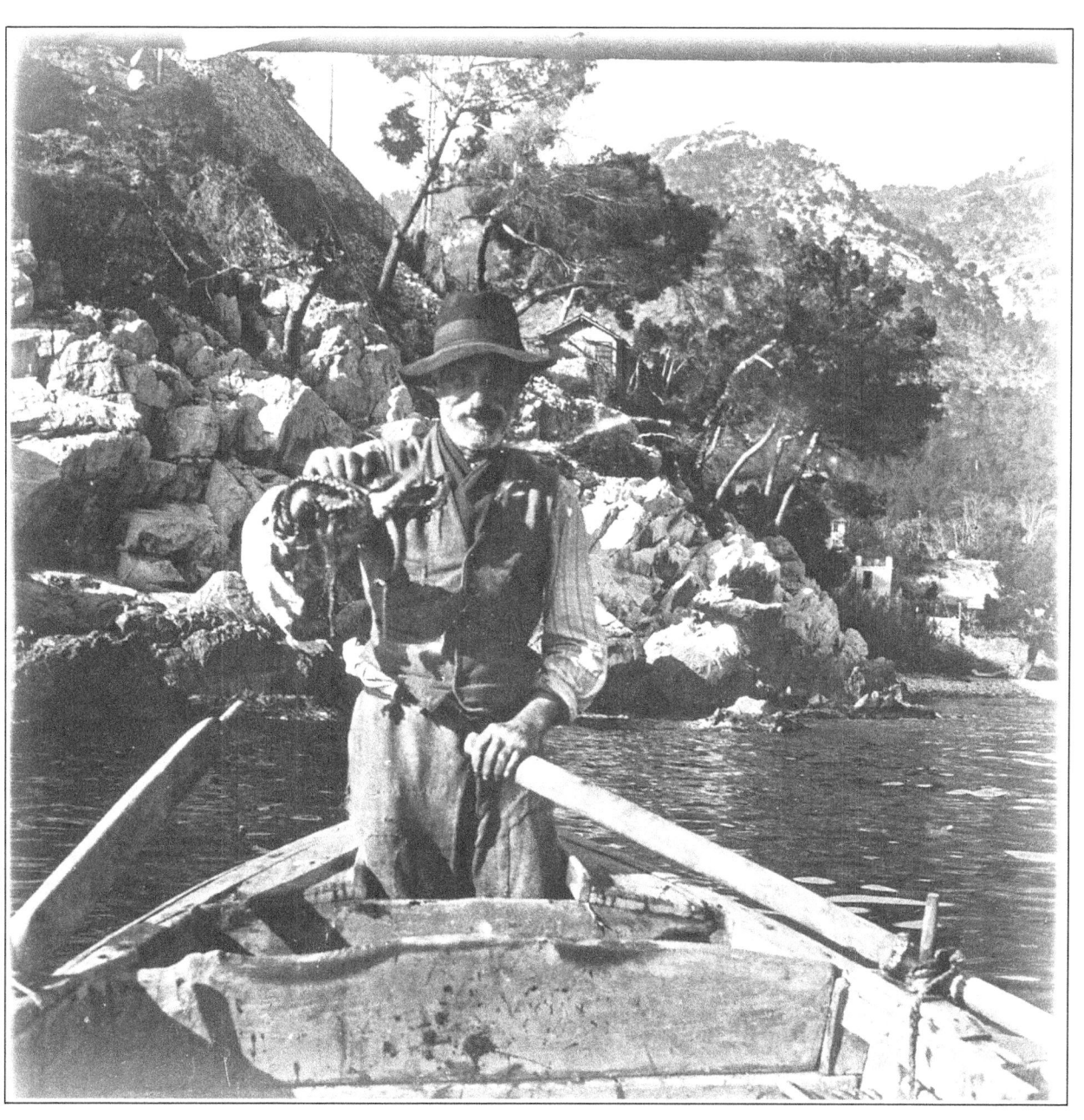

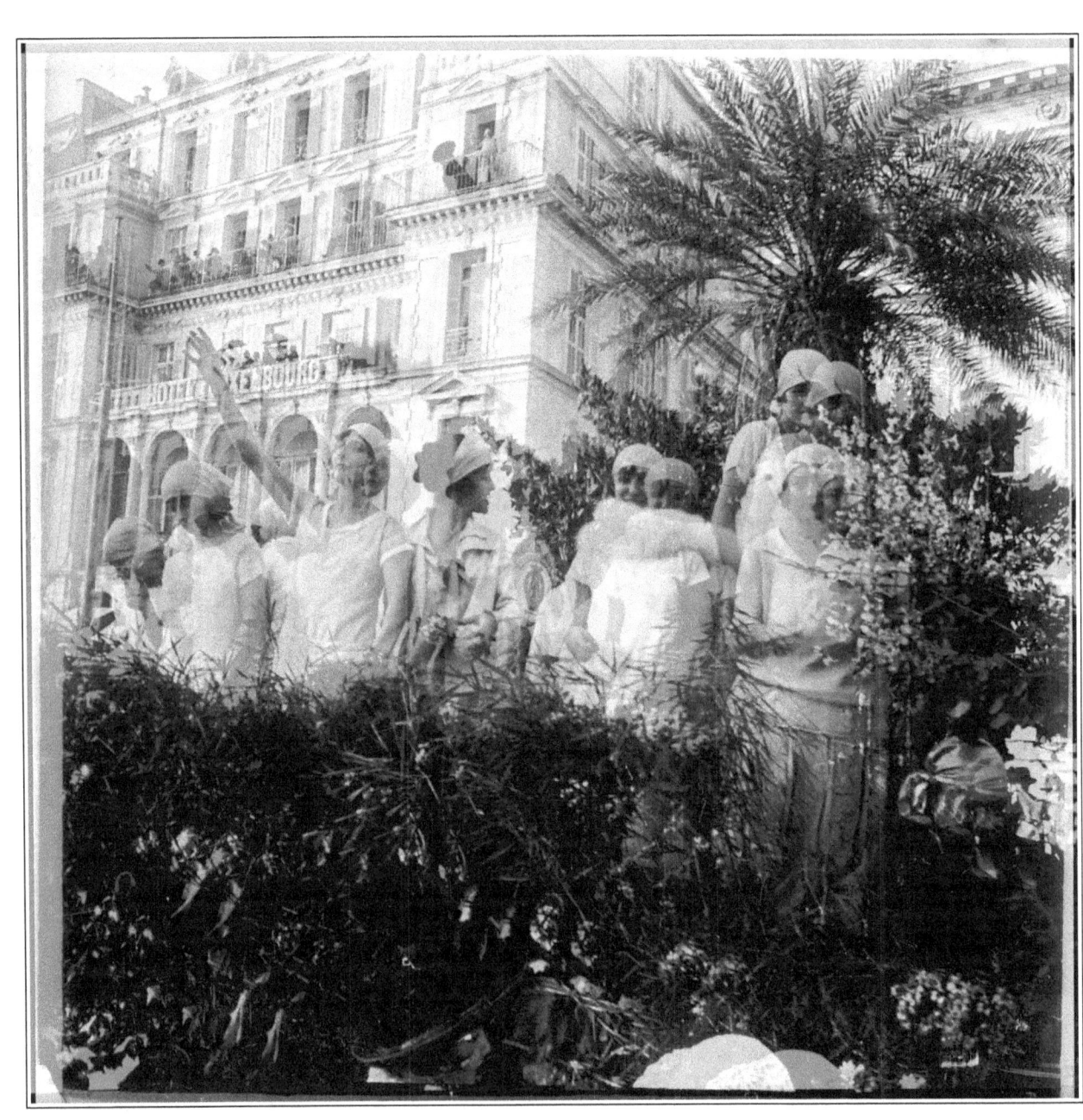

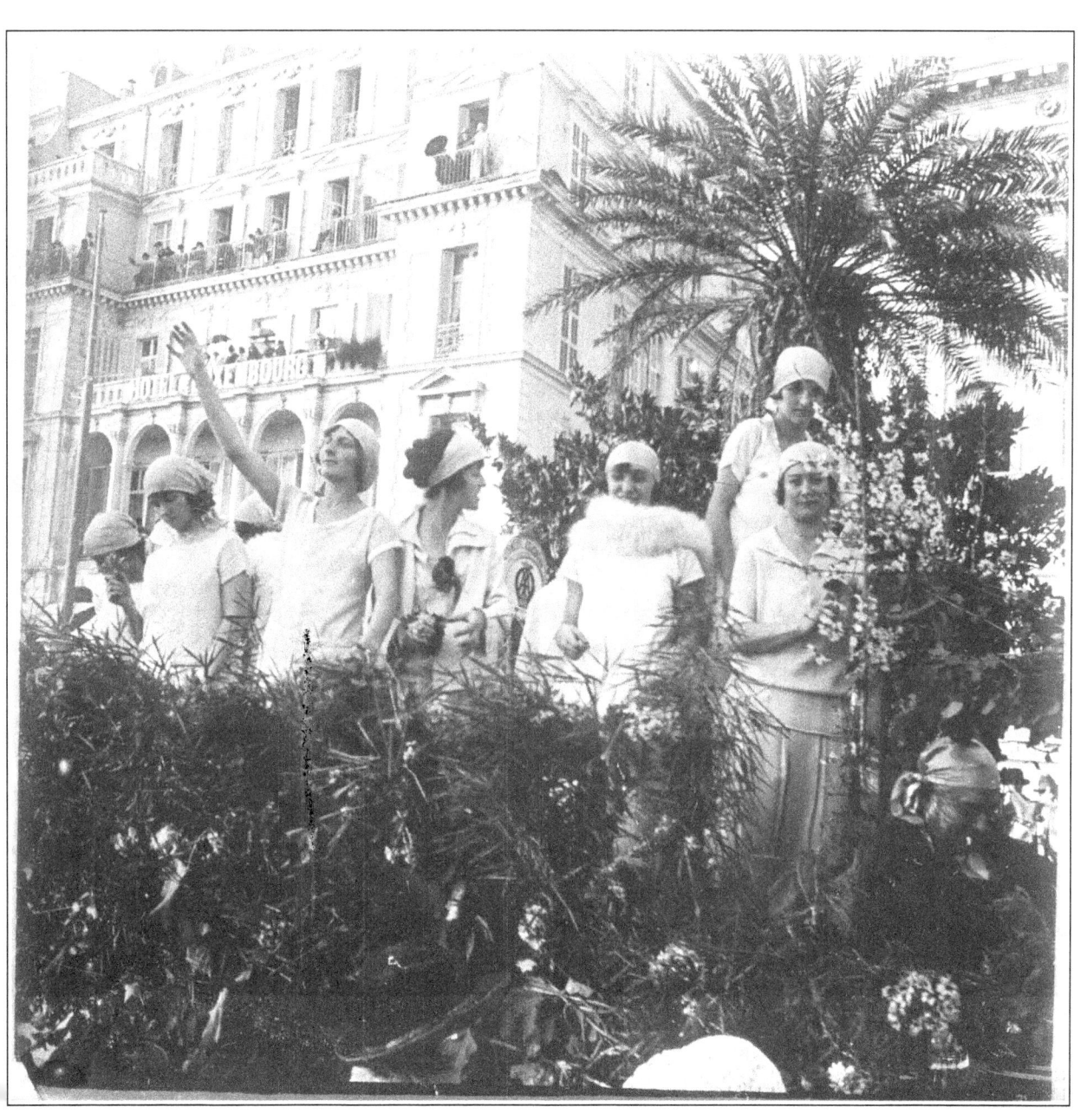

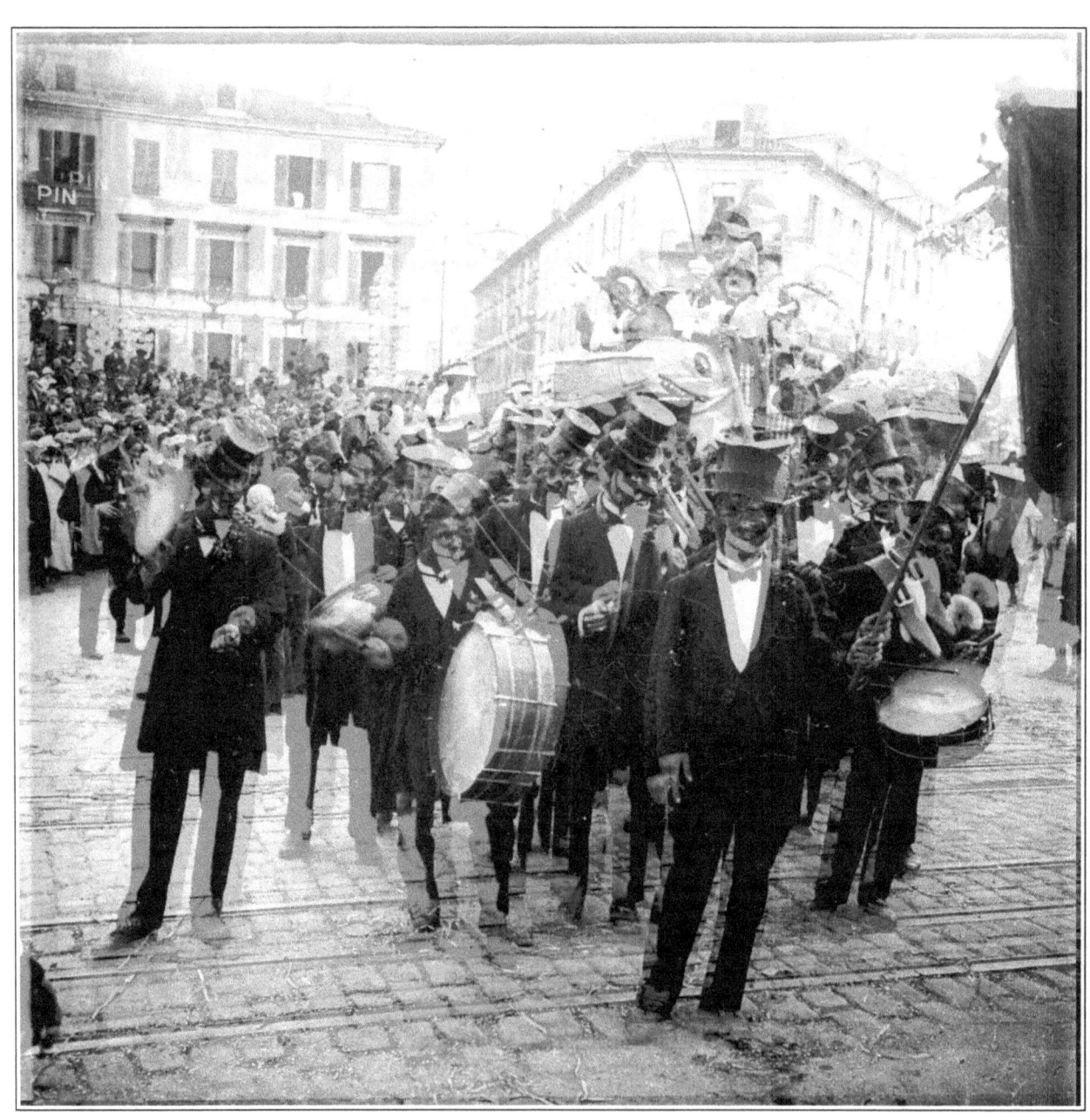

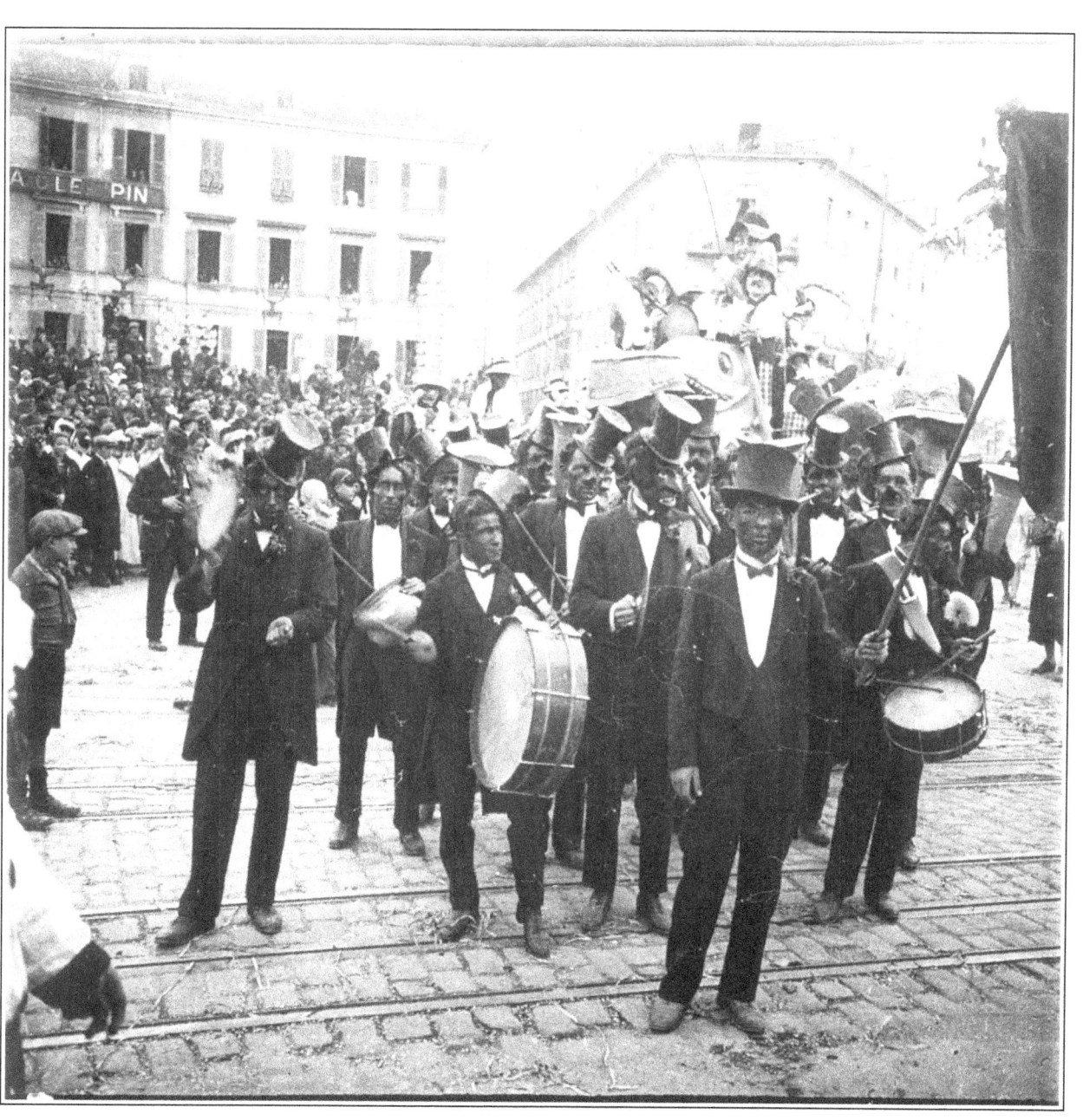

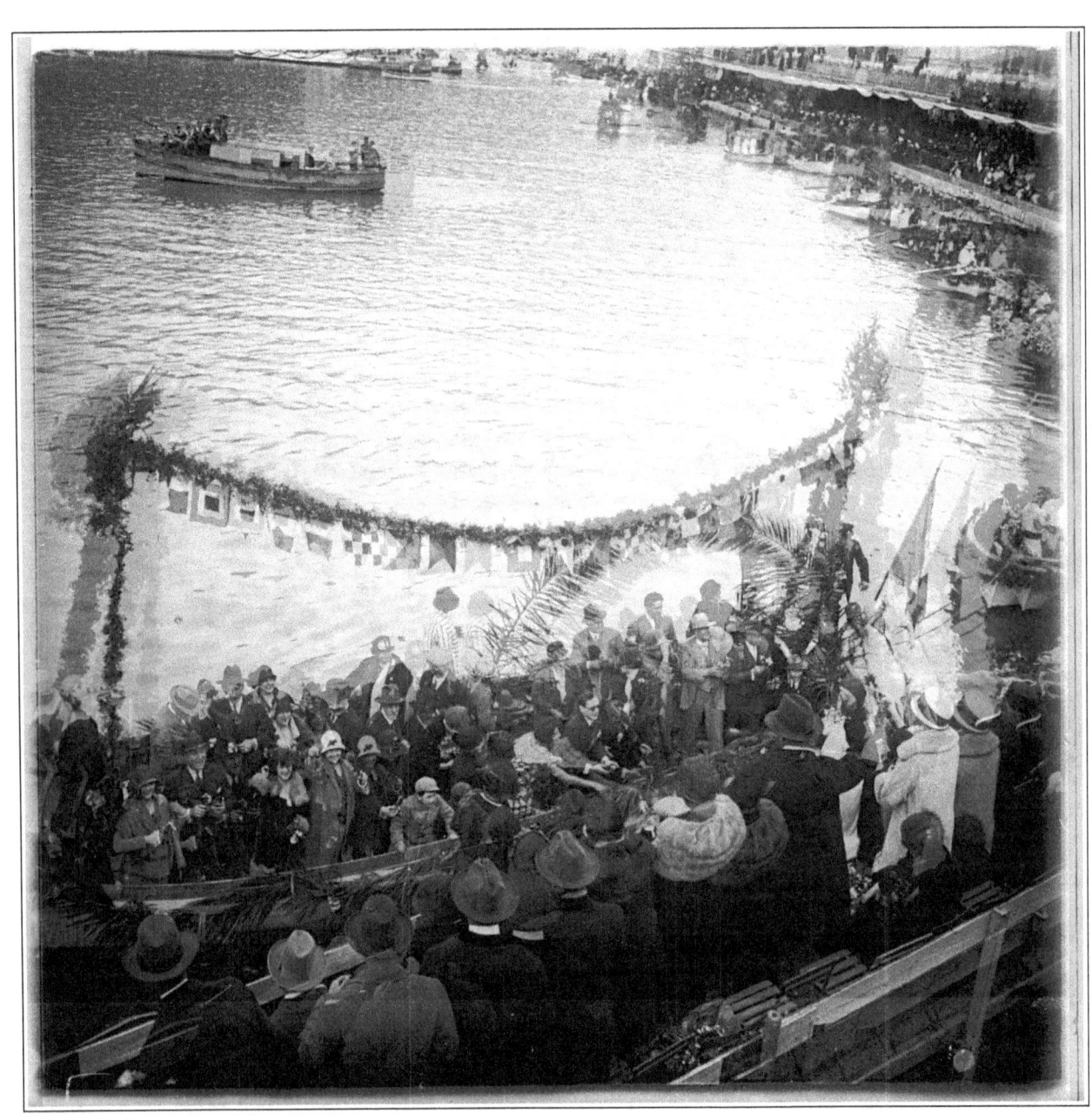

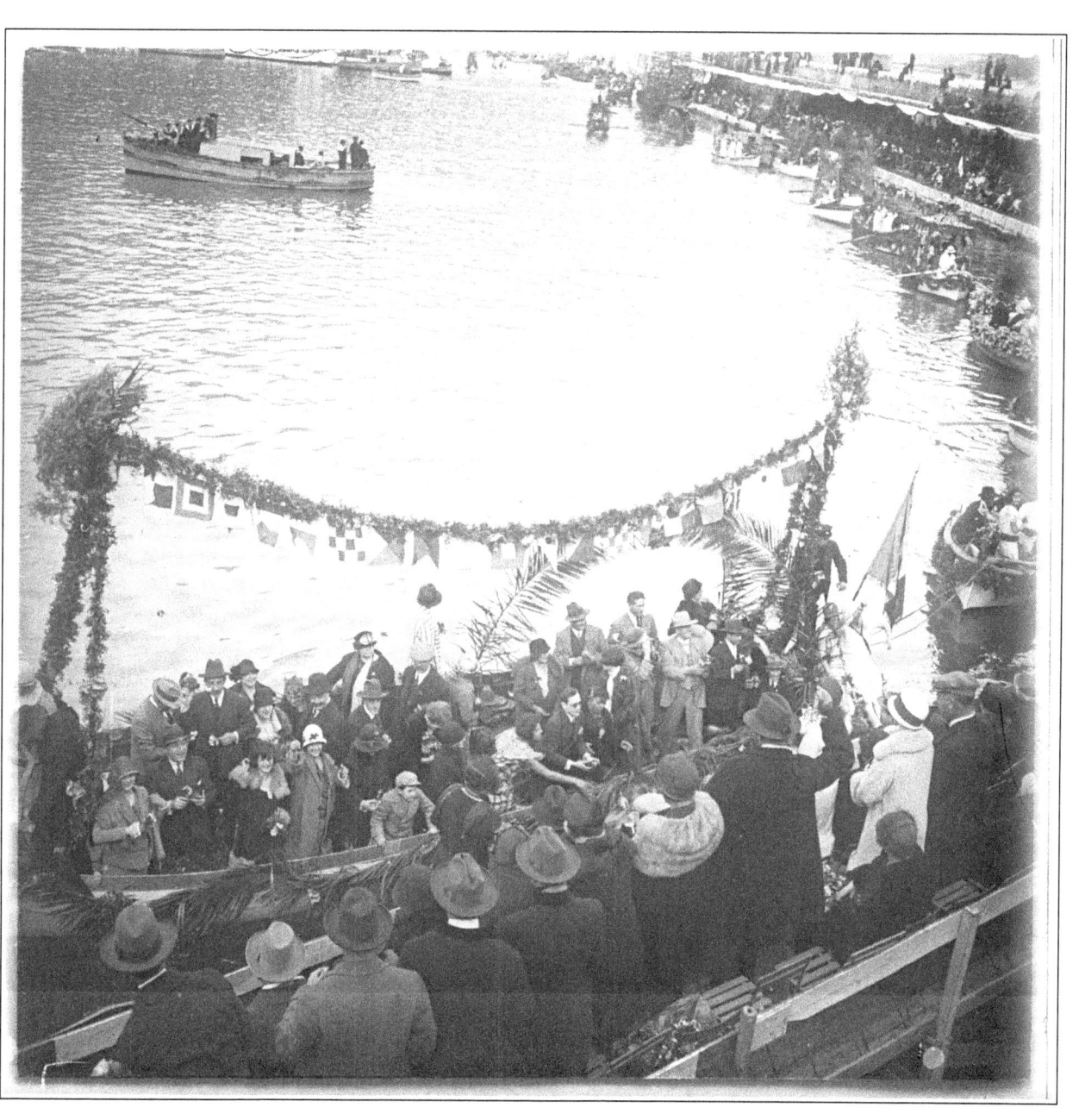

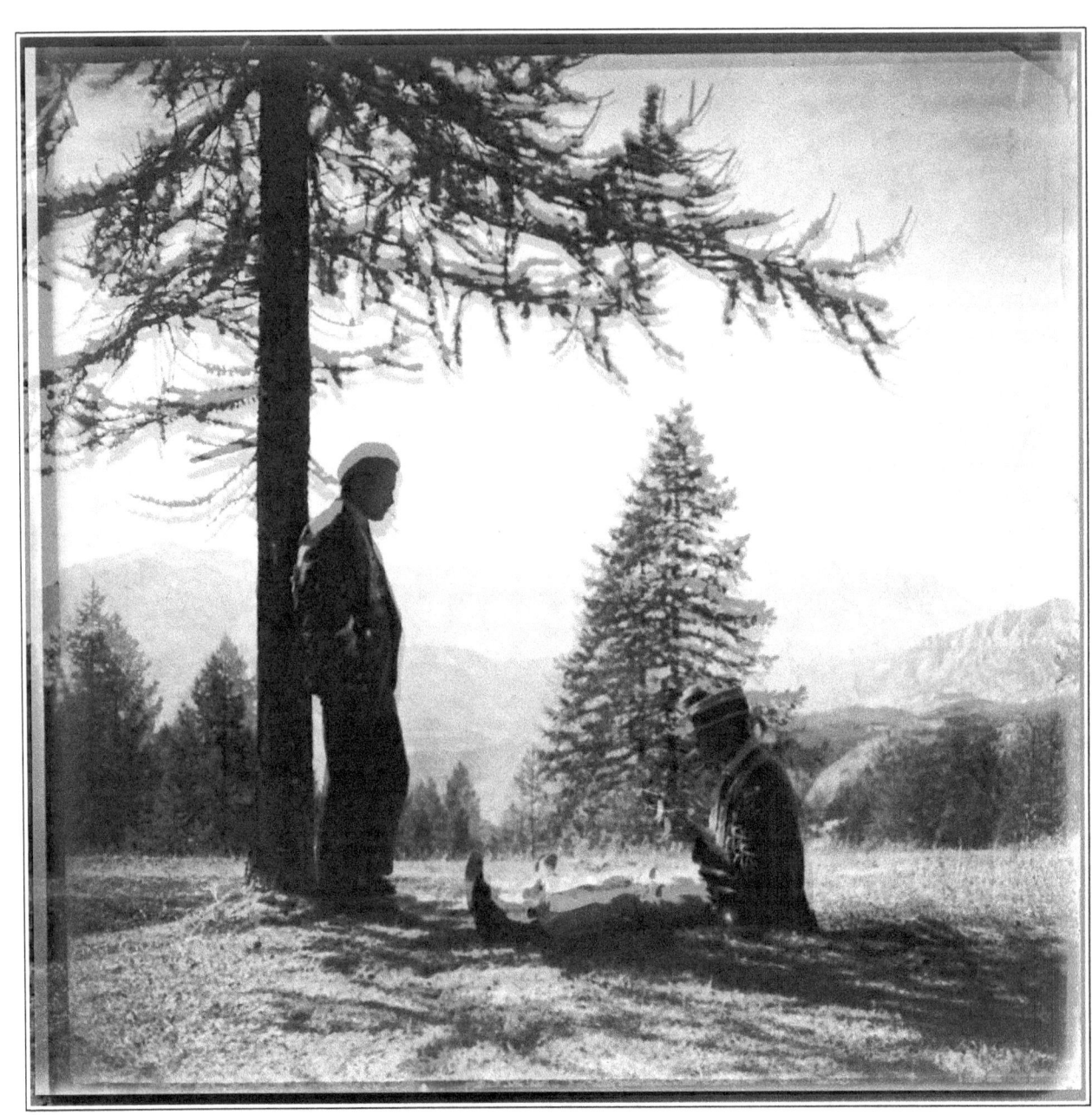

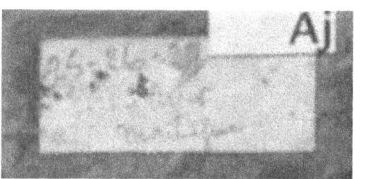

Boîte Aj :
Côte d'Azur 25-26-27
Montagne

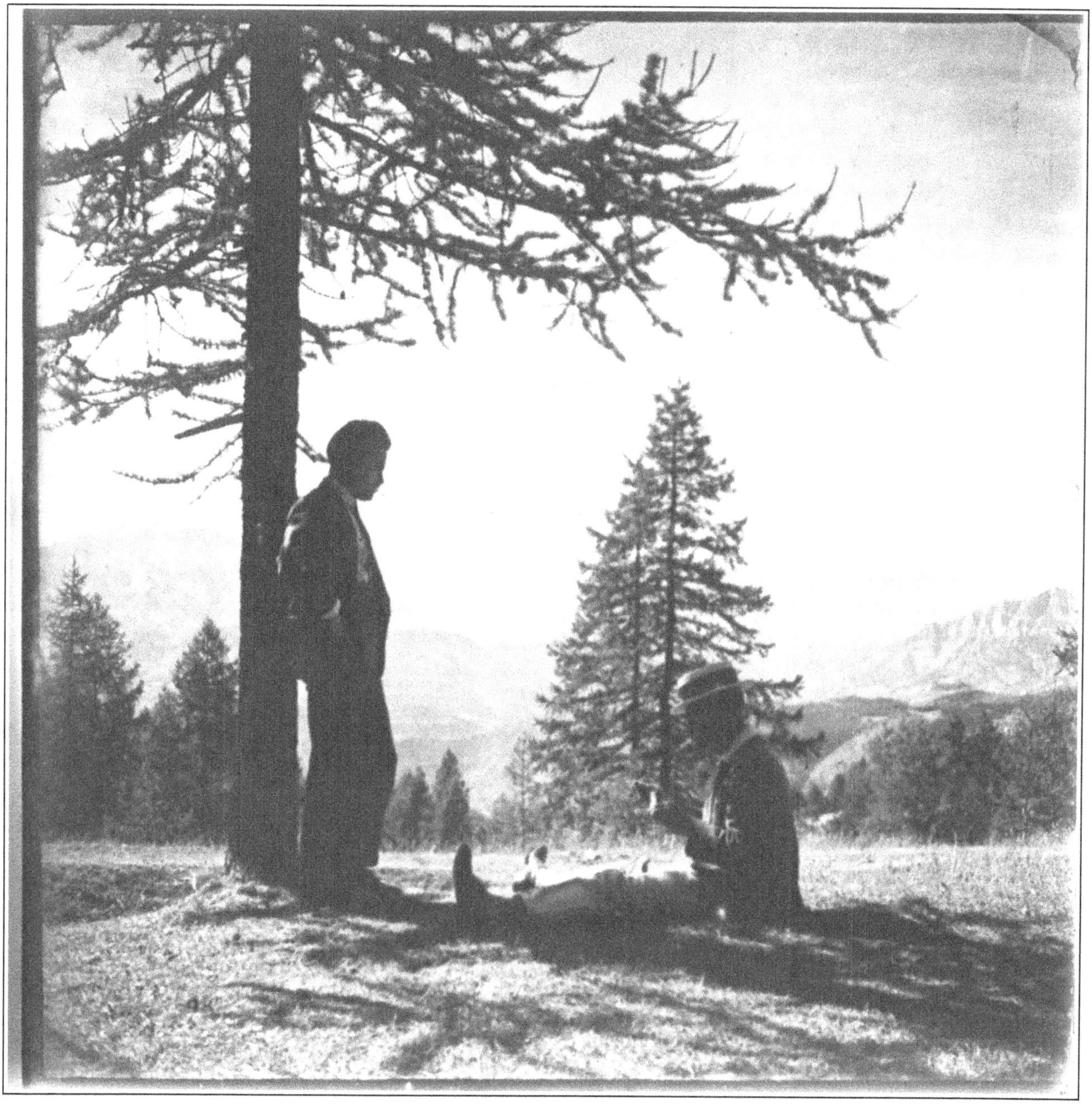

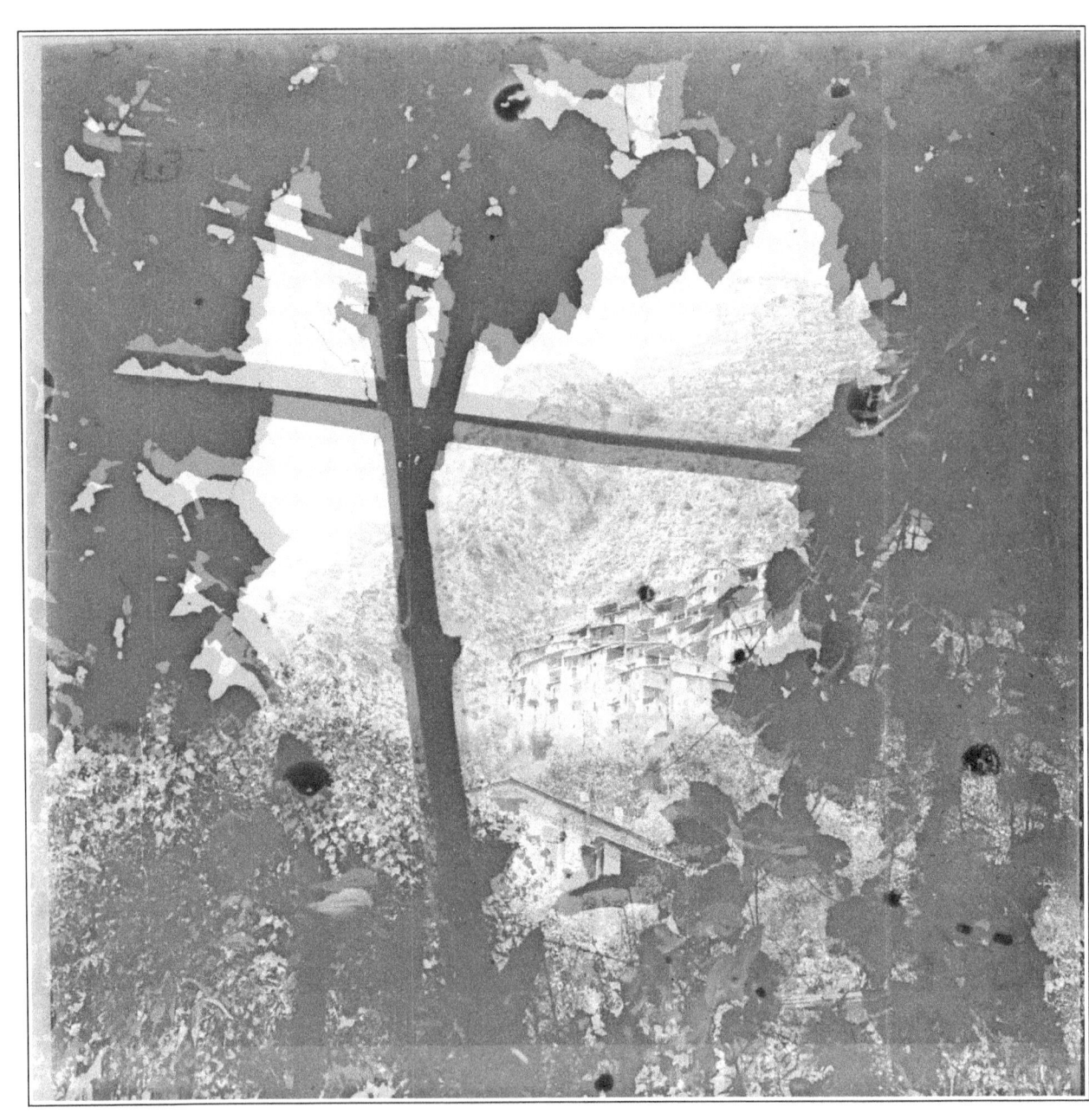

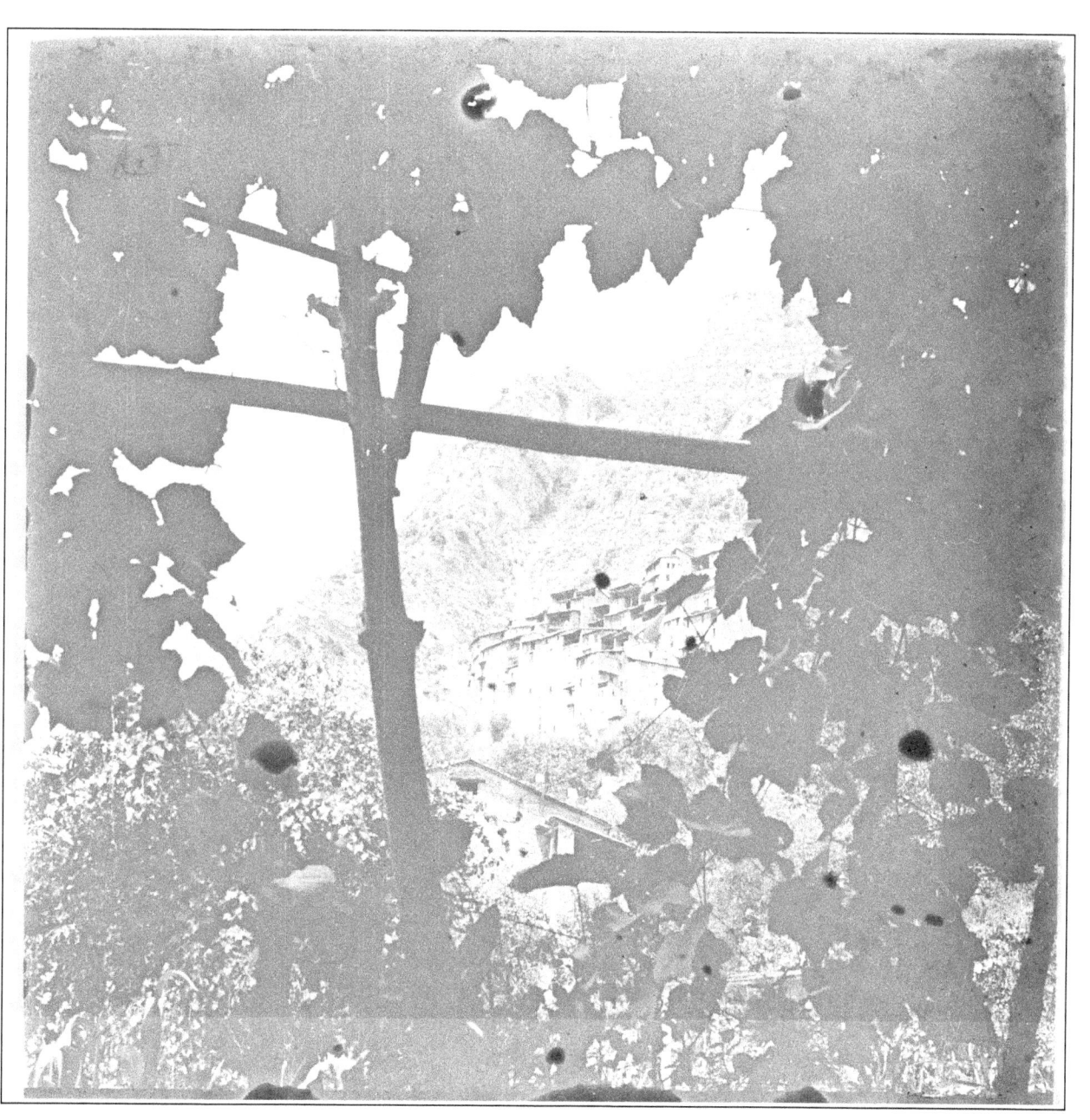

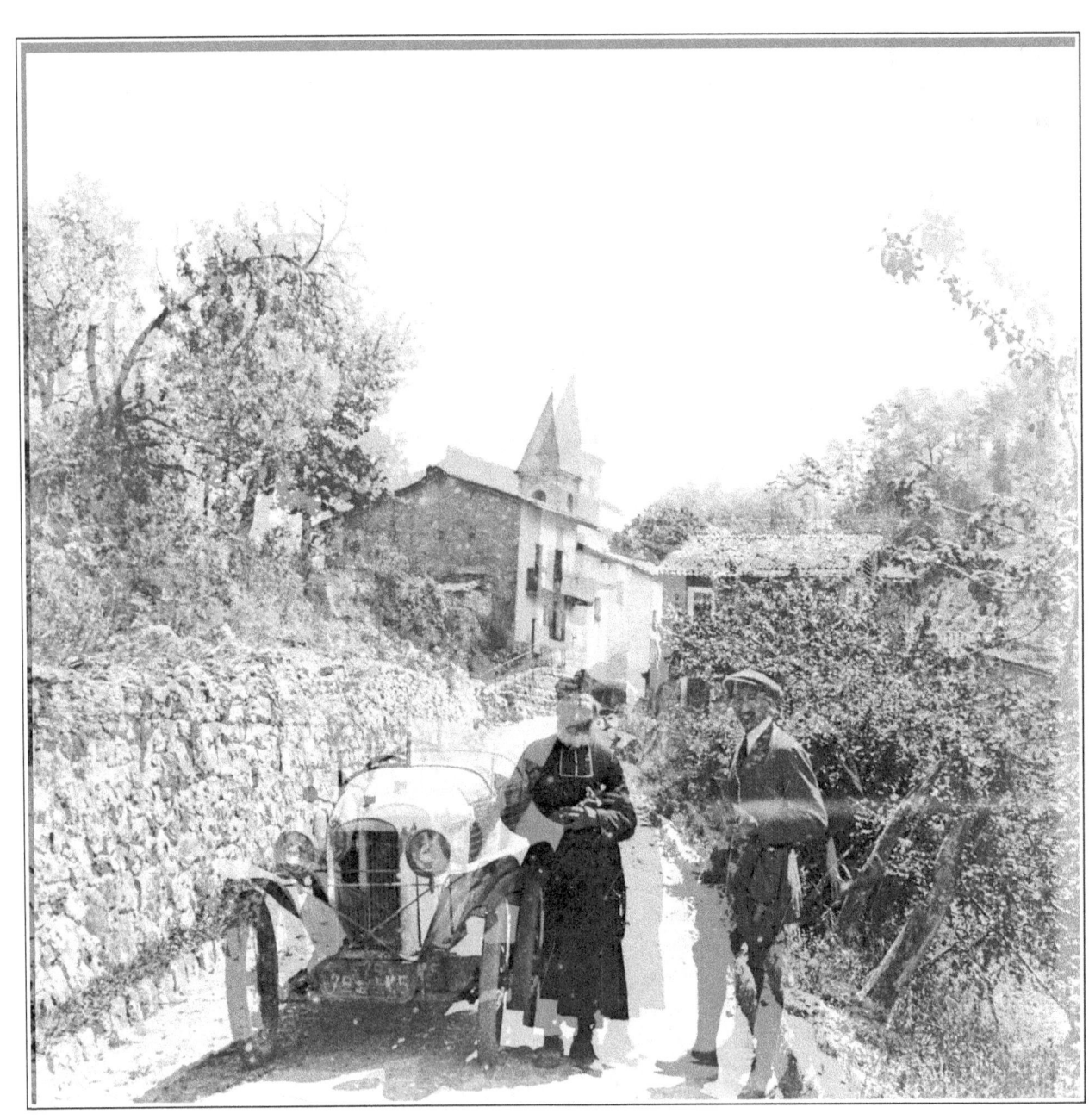

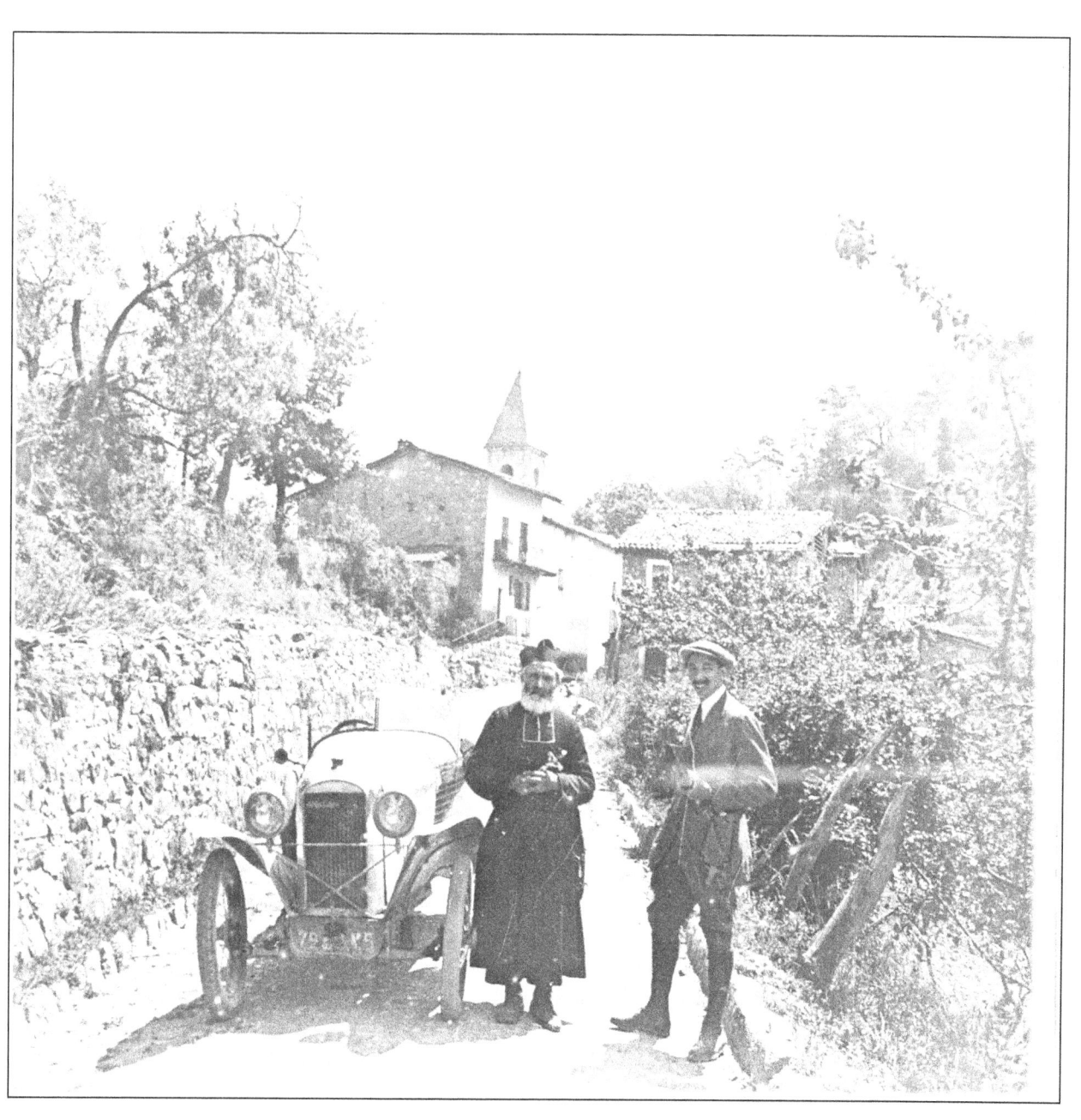

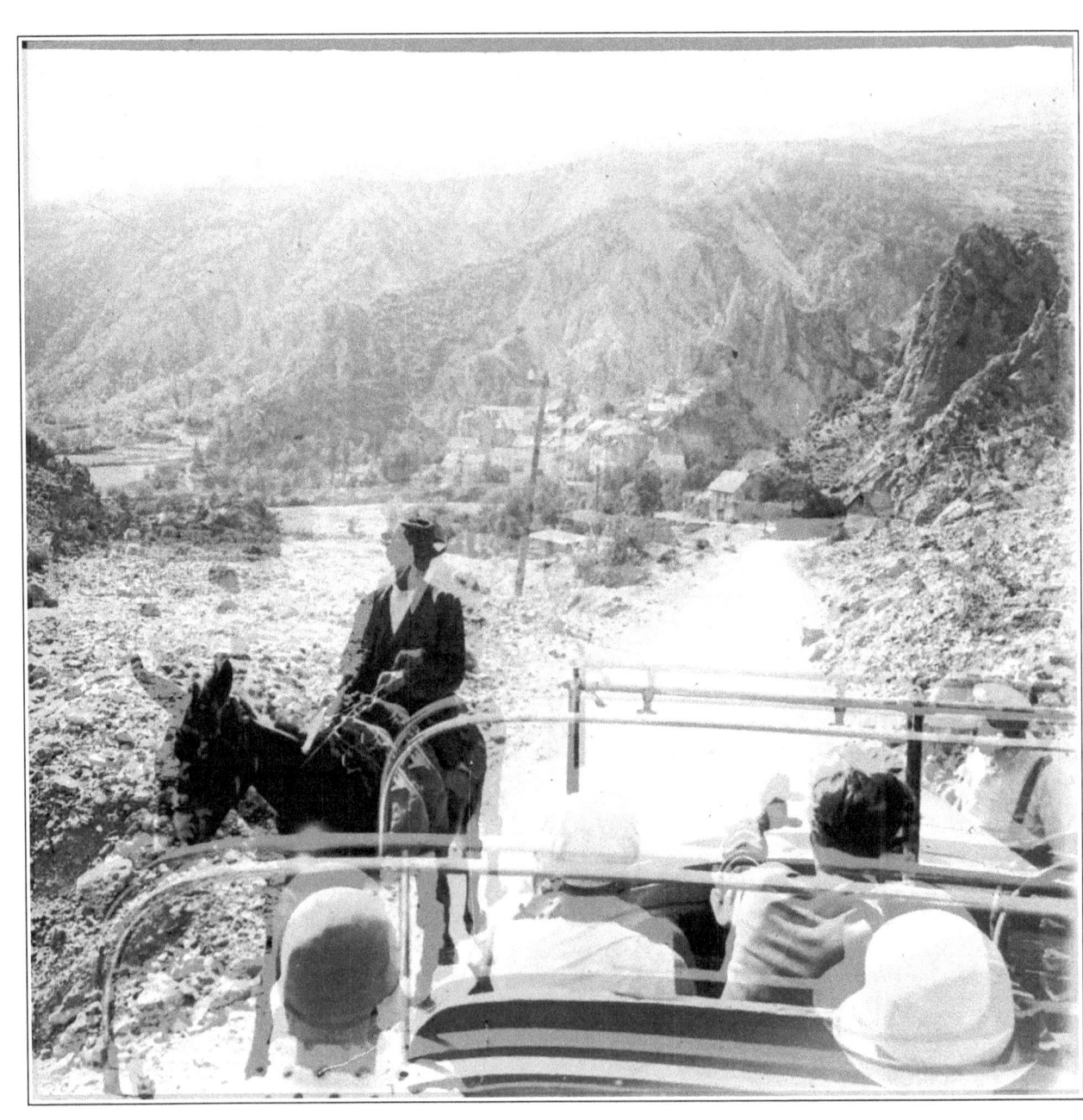

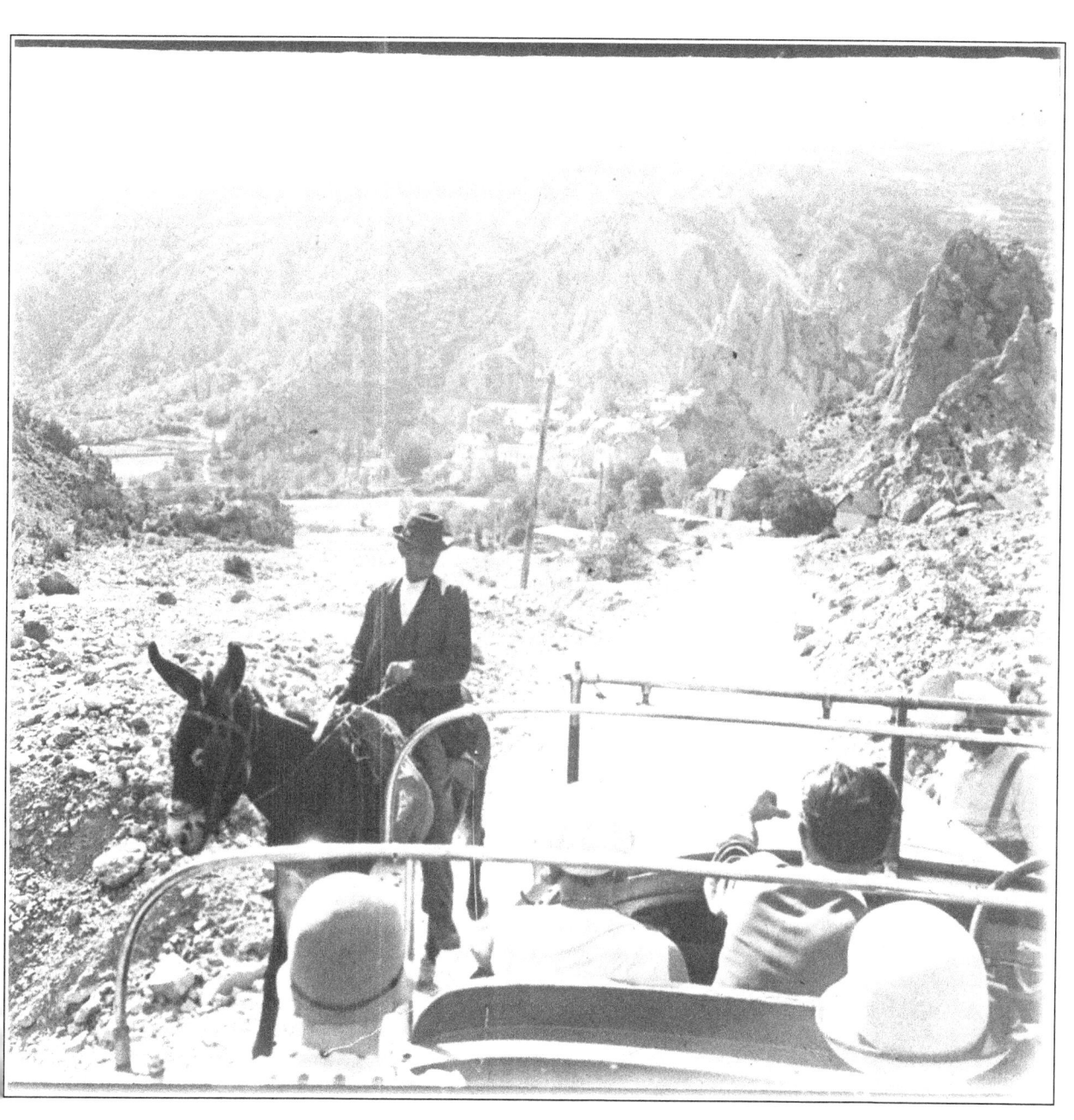

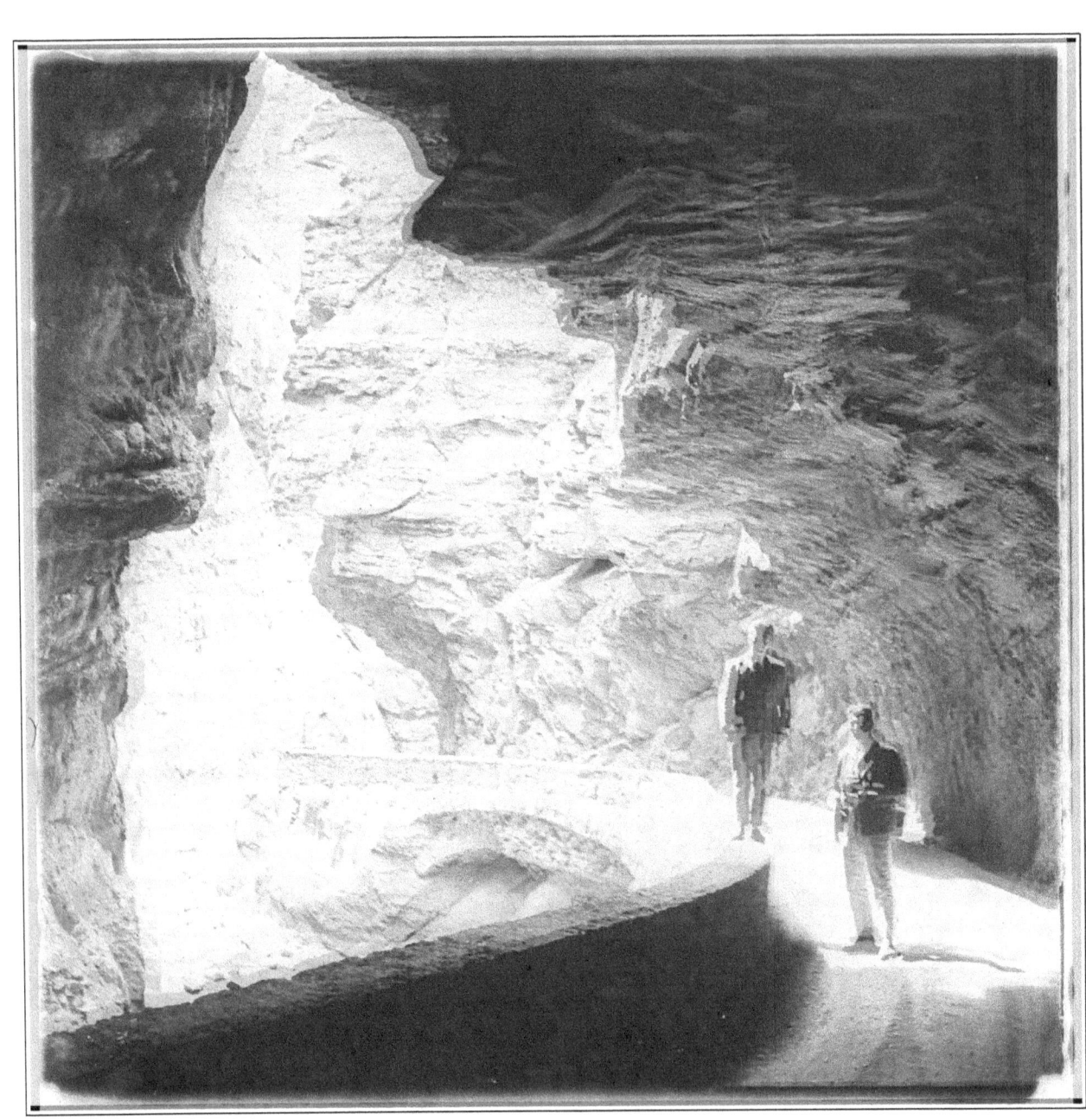

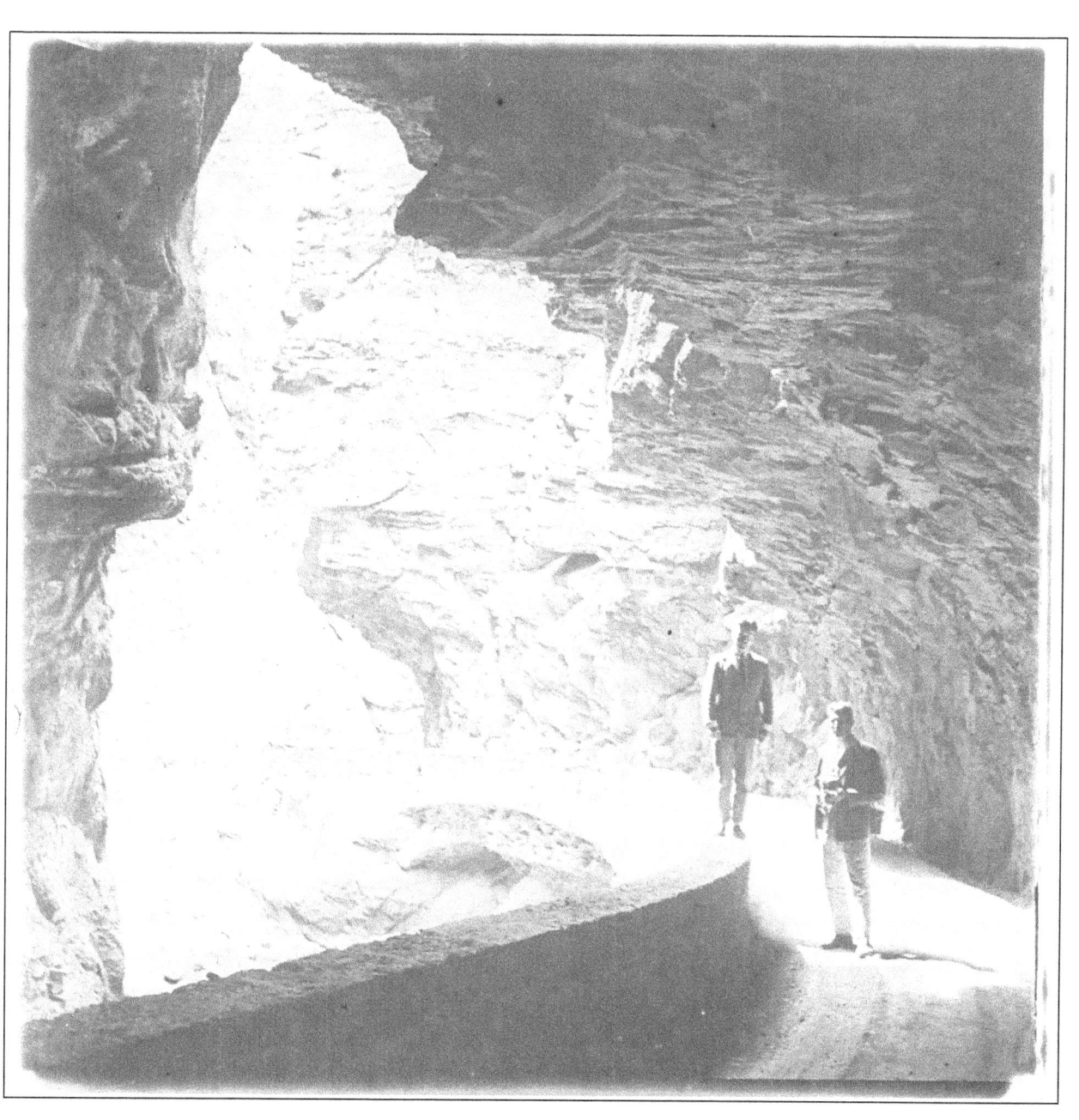

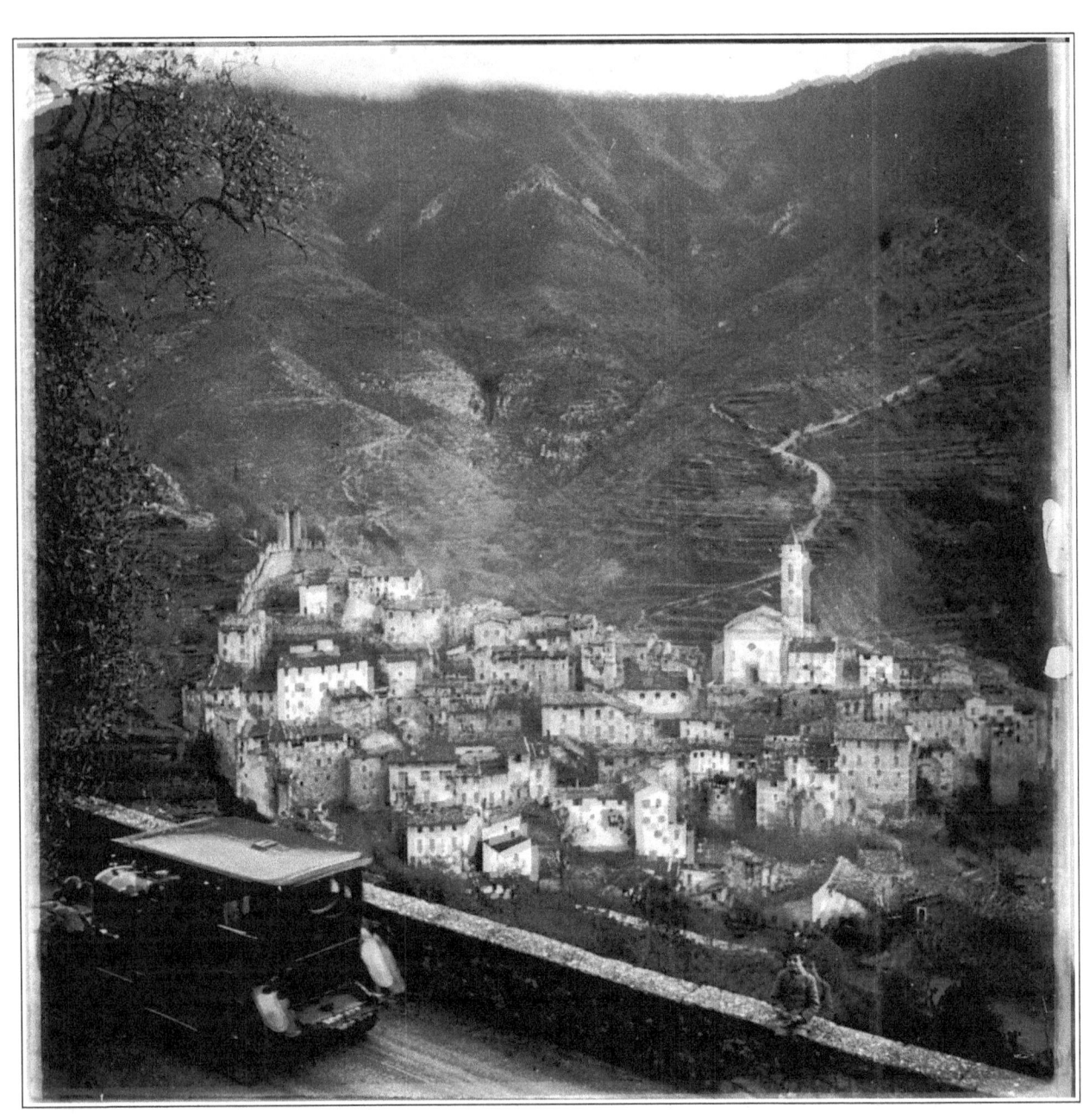

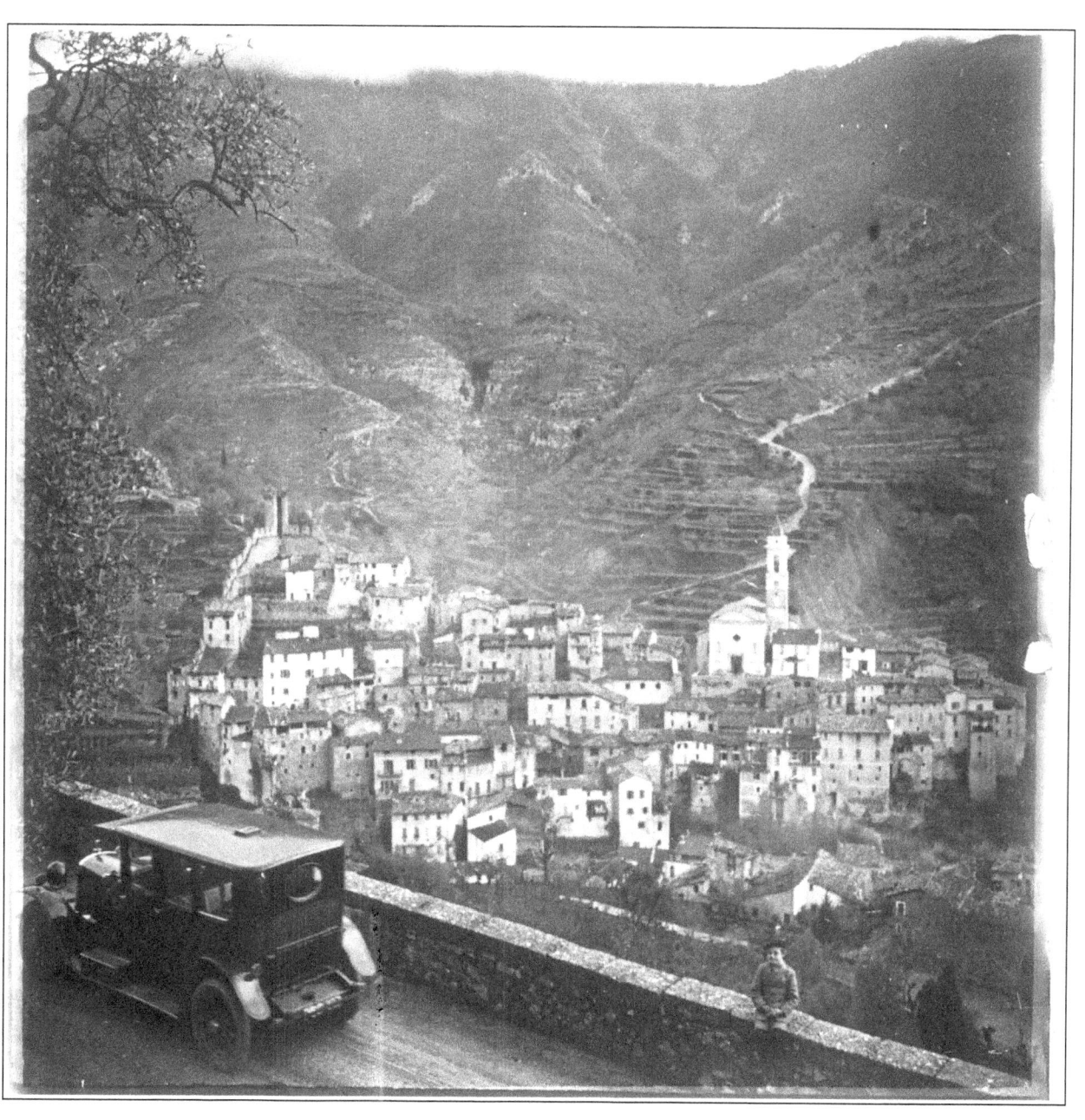

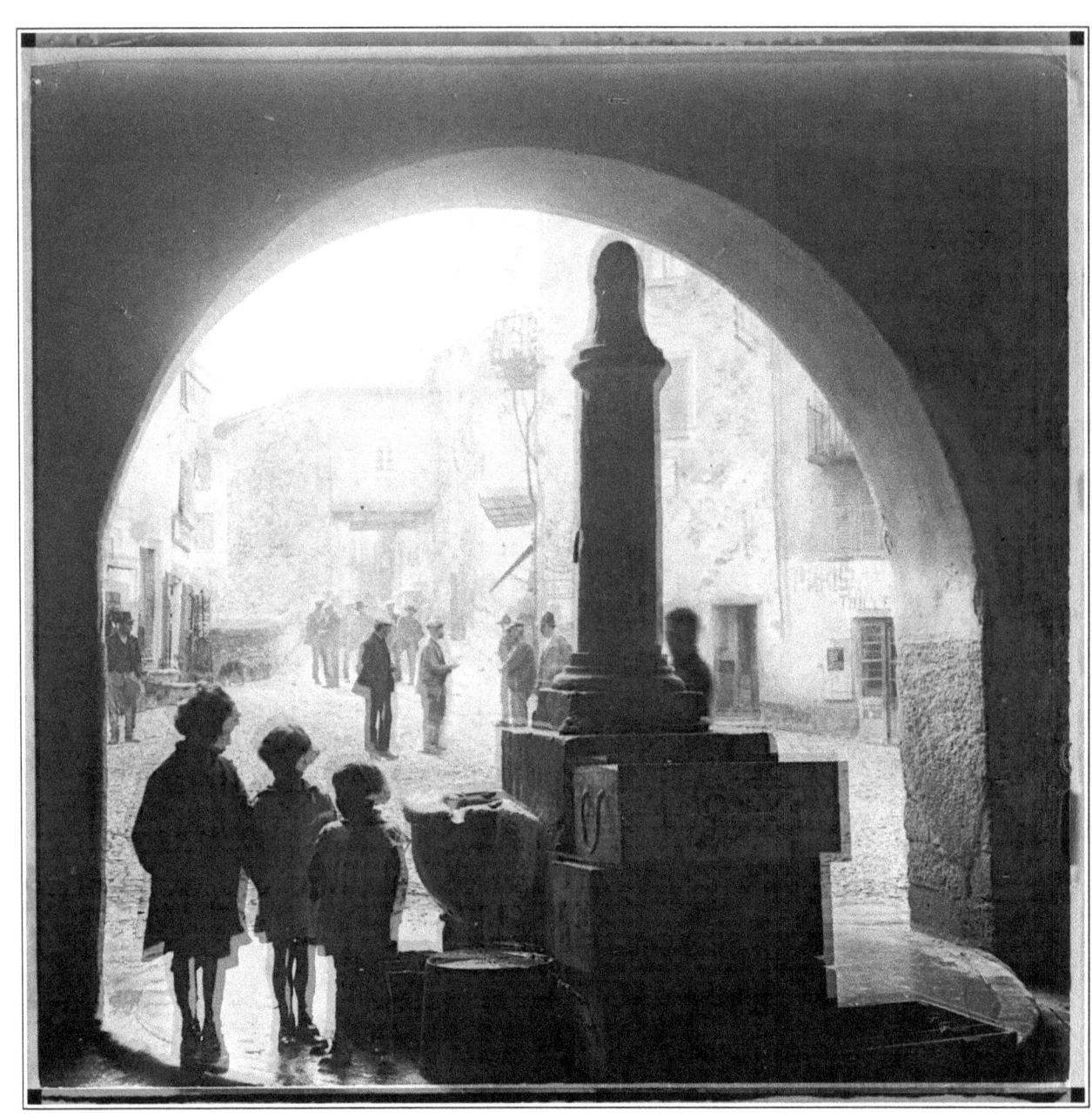

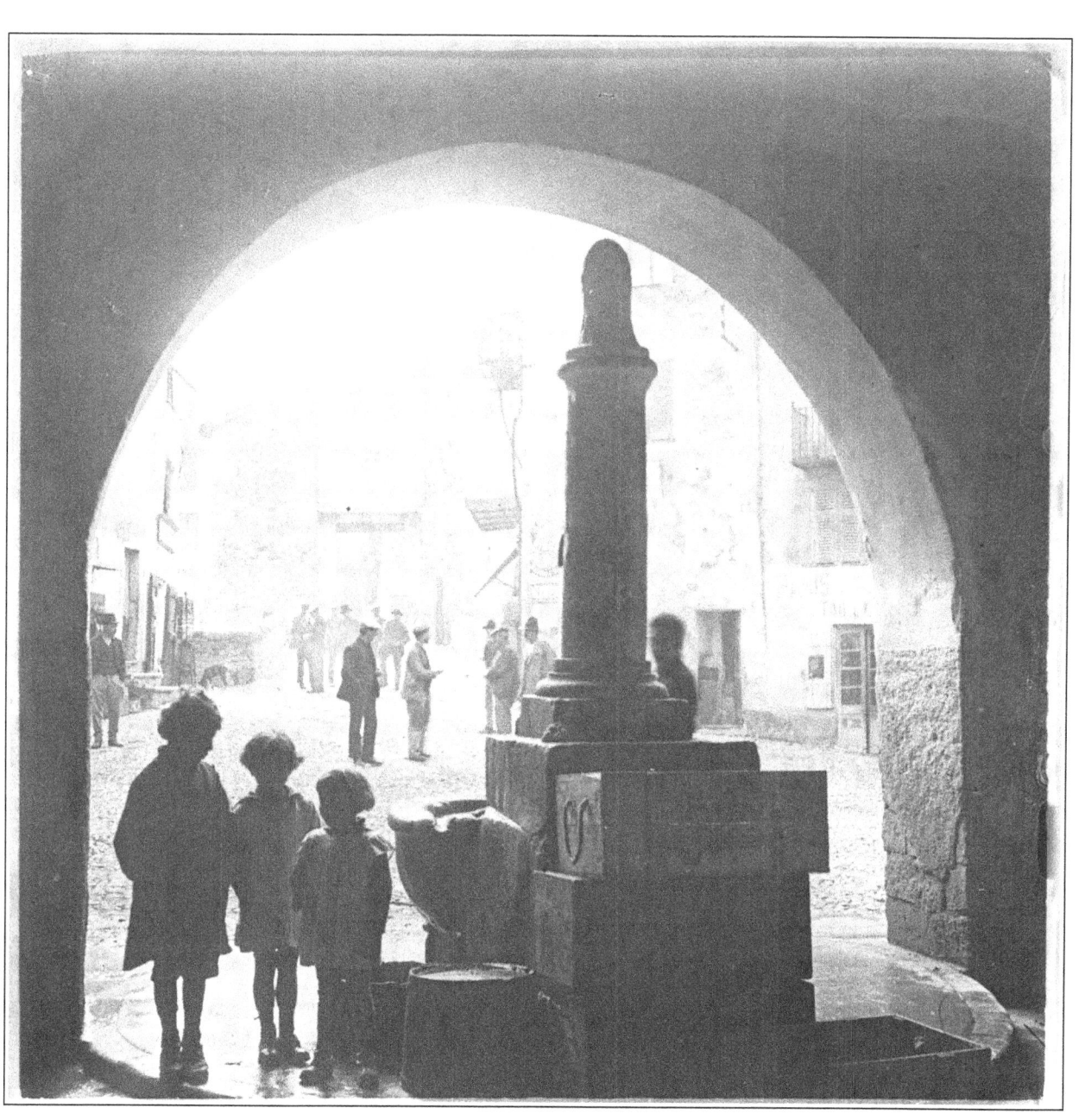

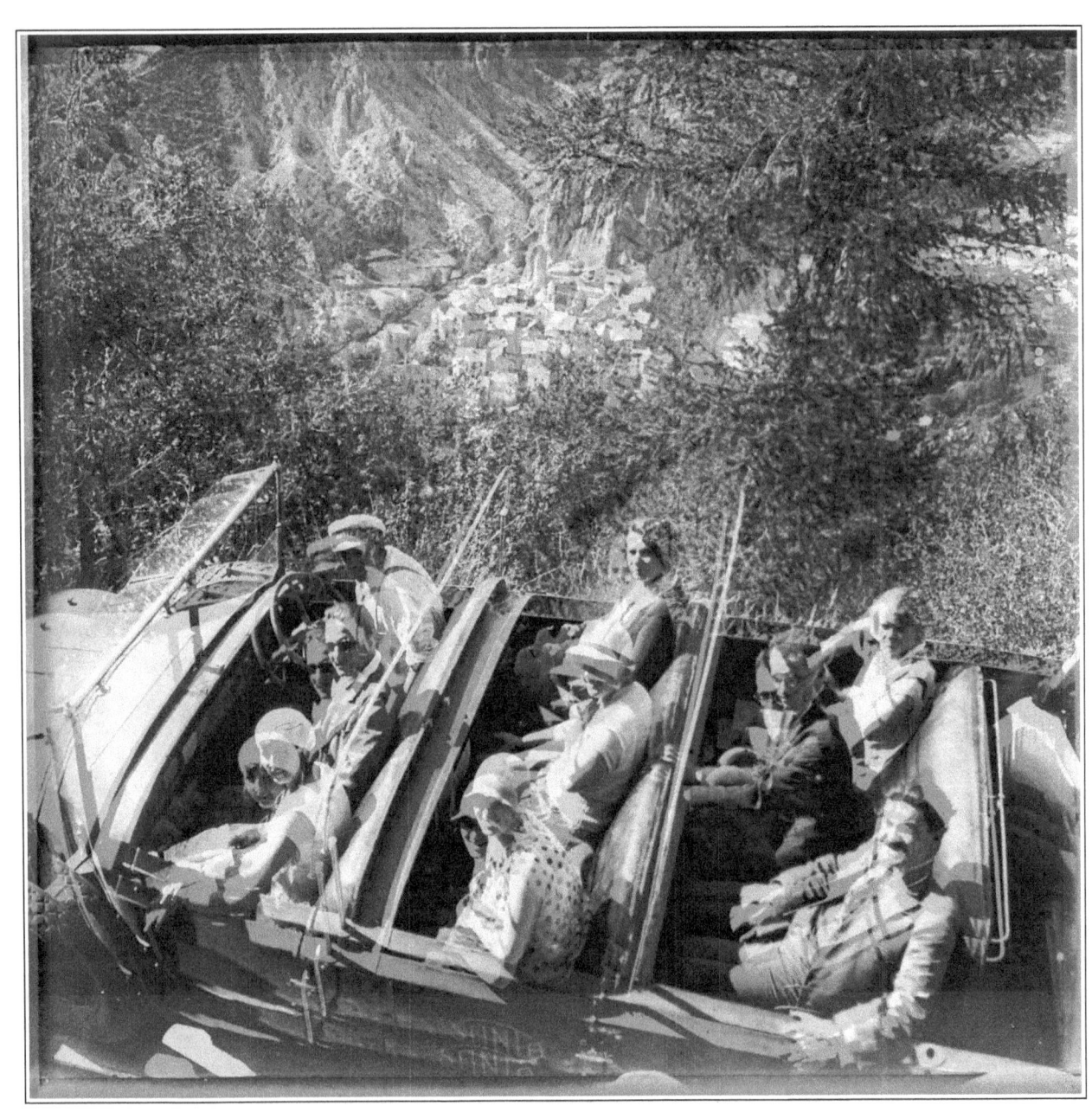

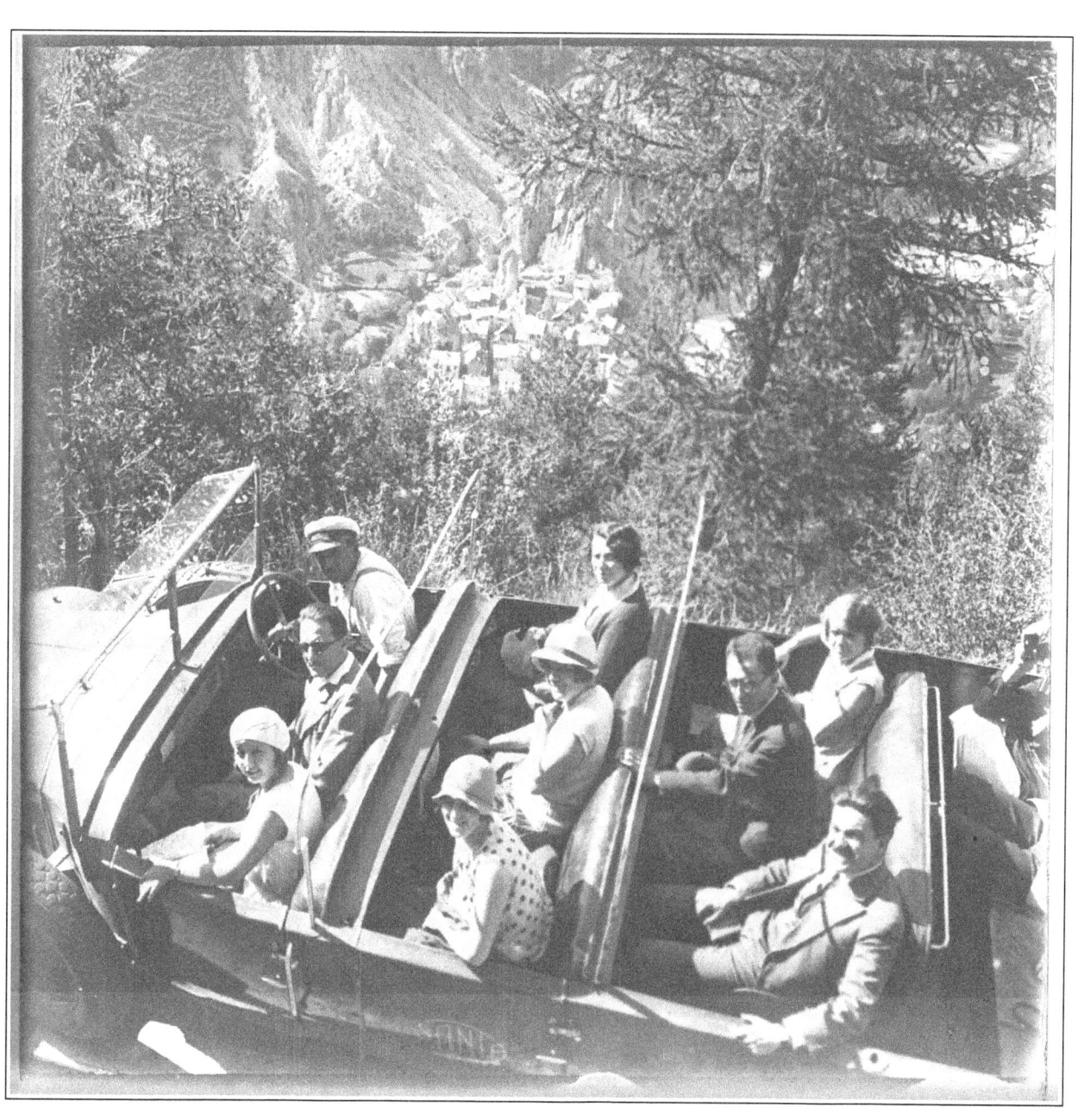

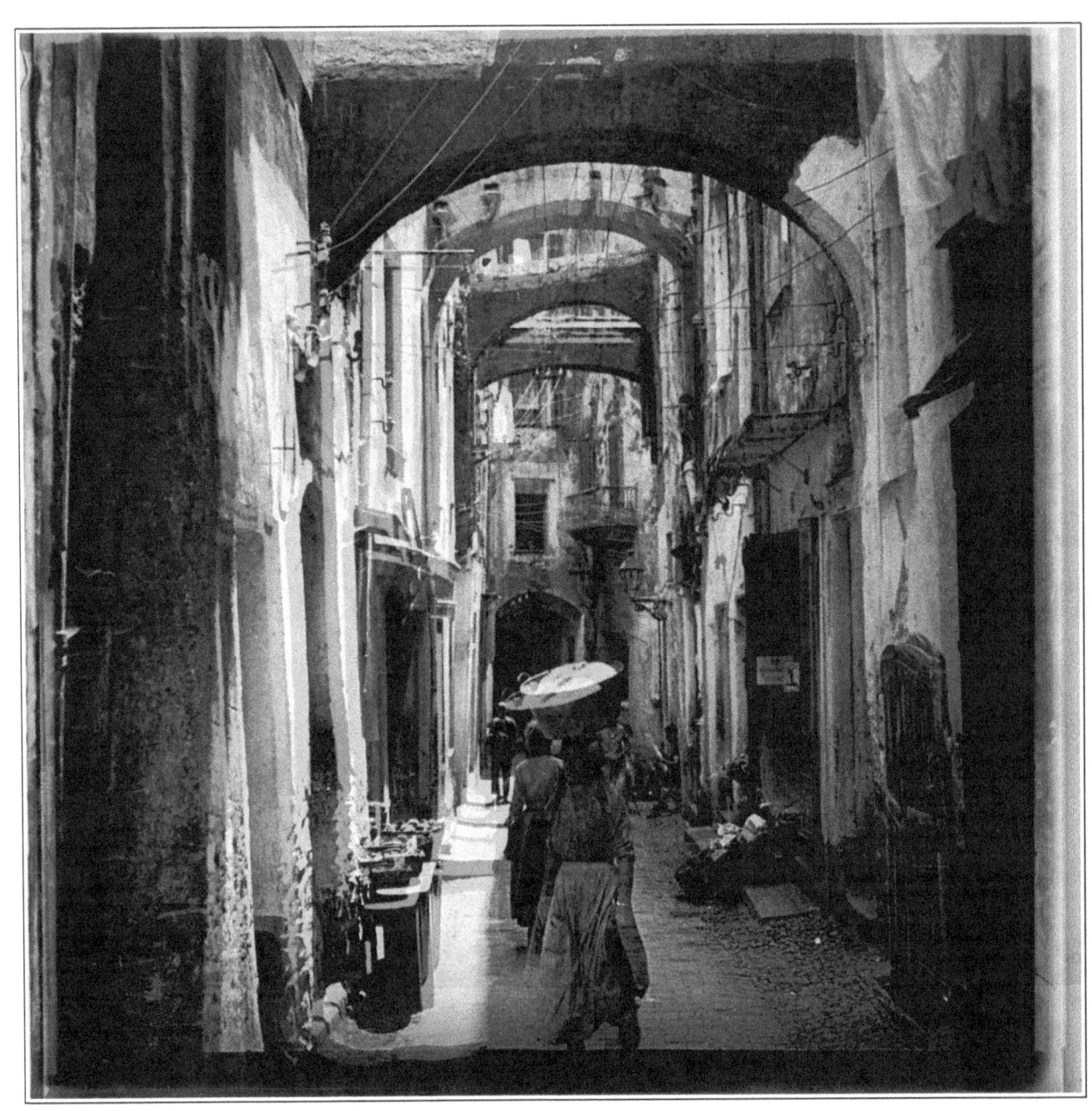

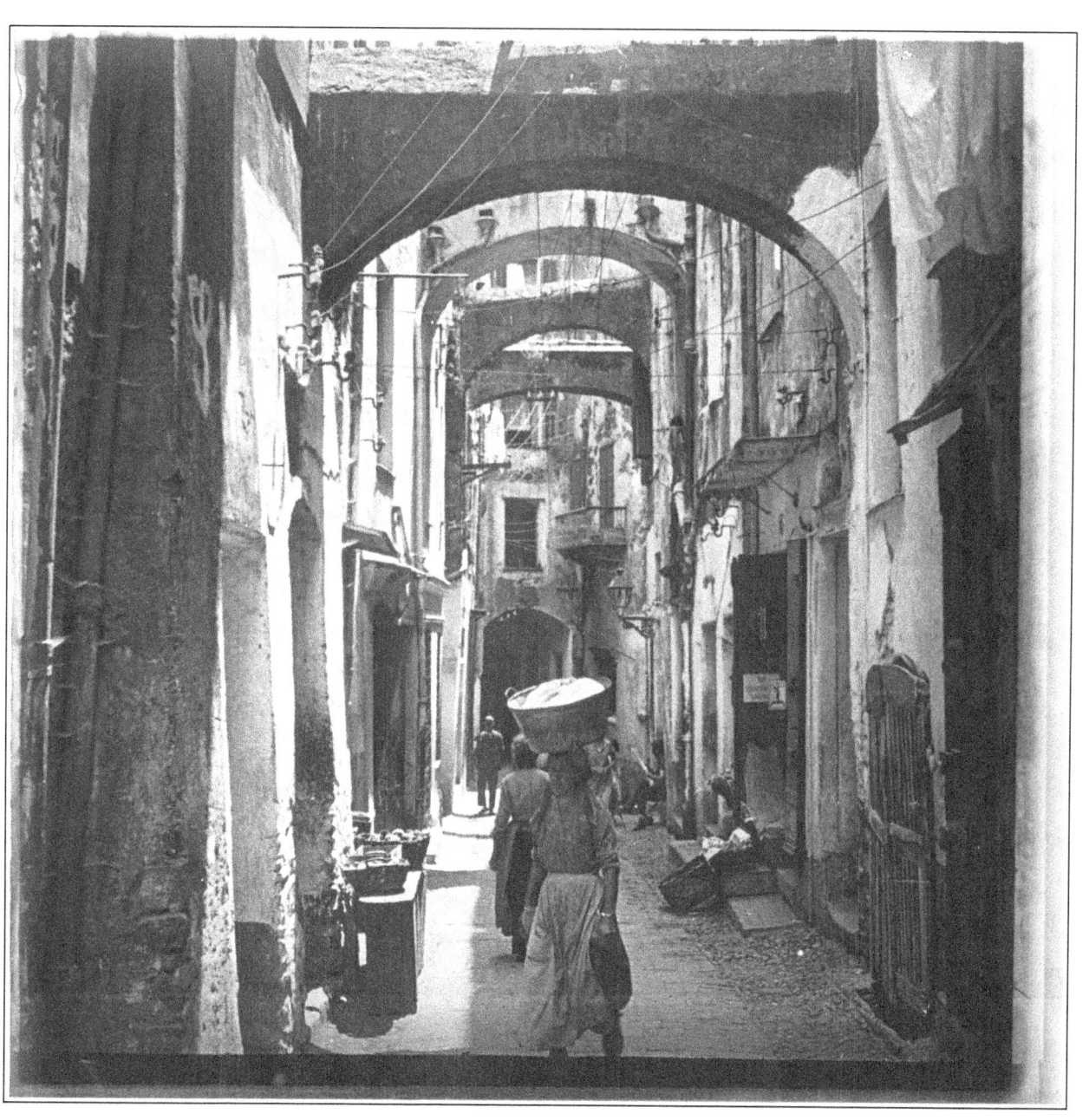

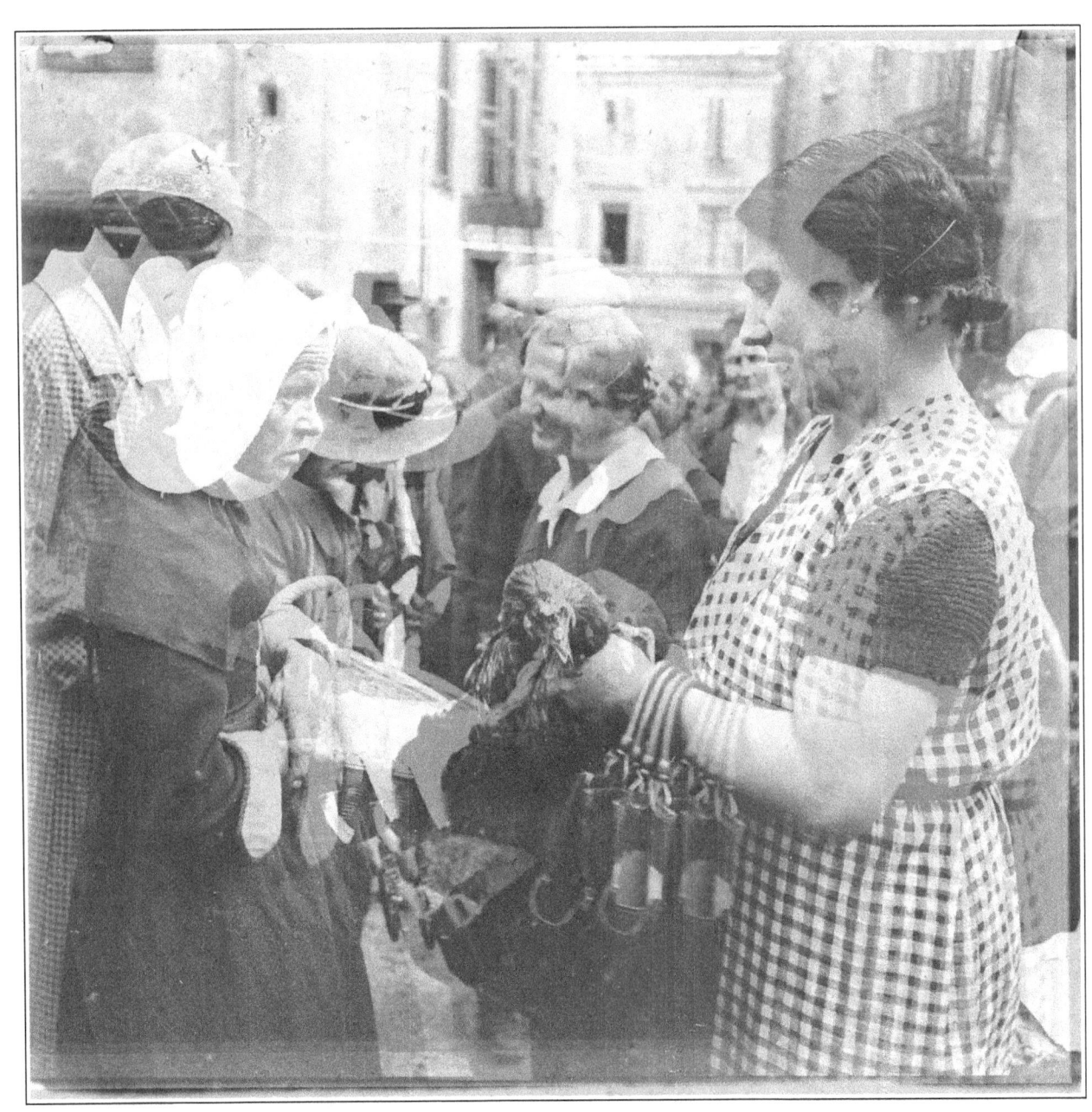

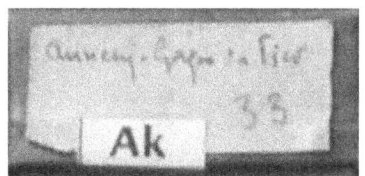

Boîte Ak :
Annecy 33
Gorges du Fier

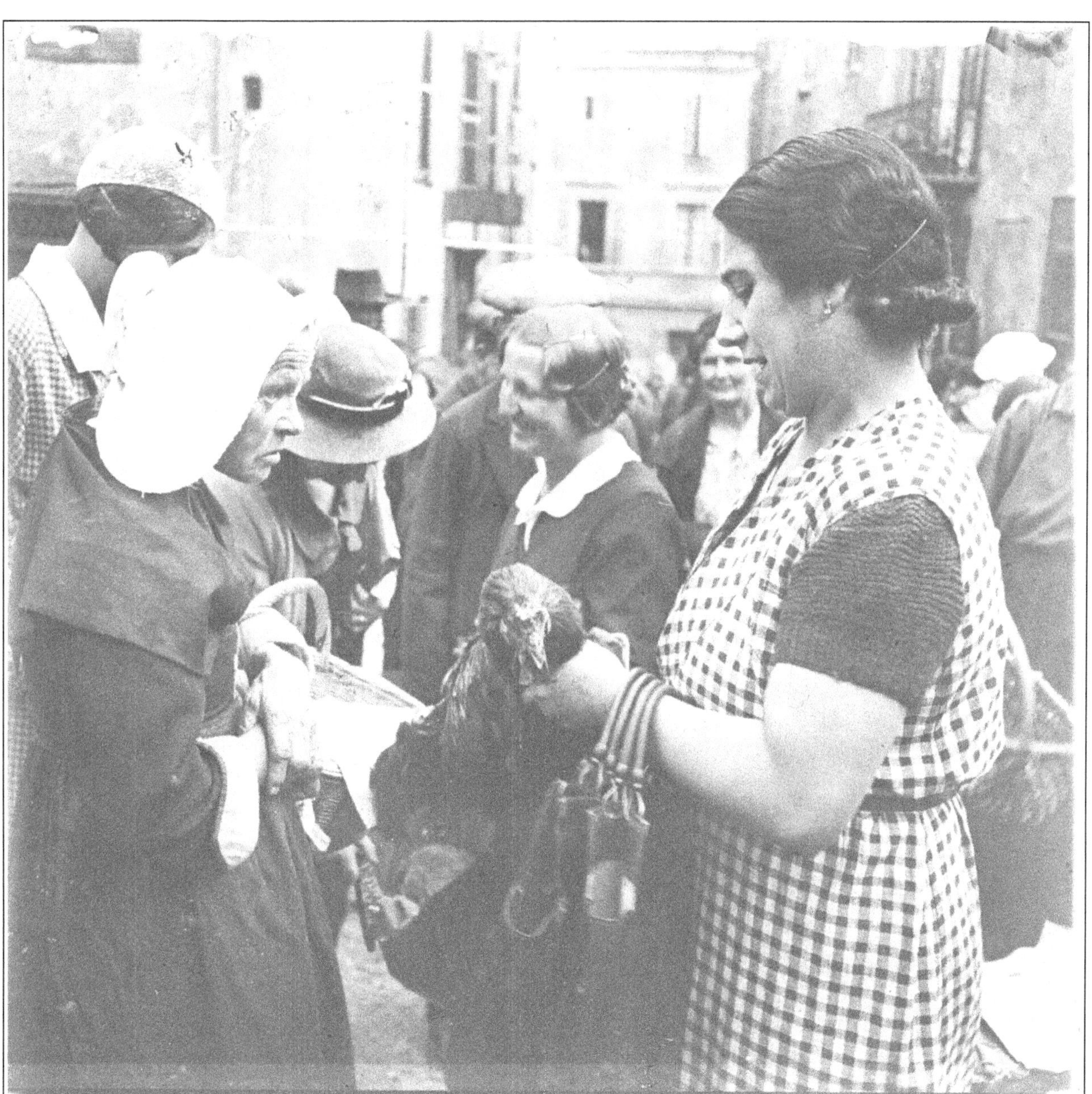

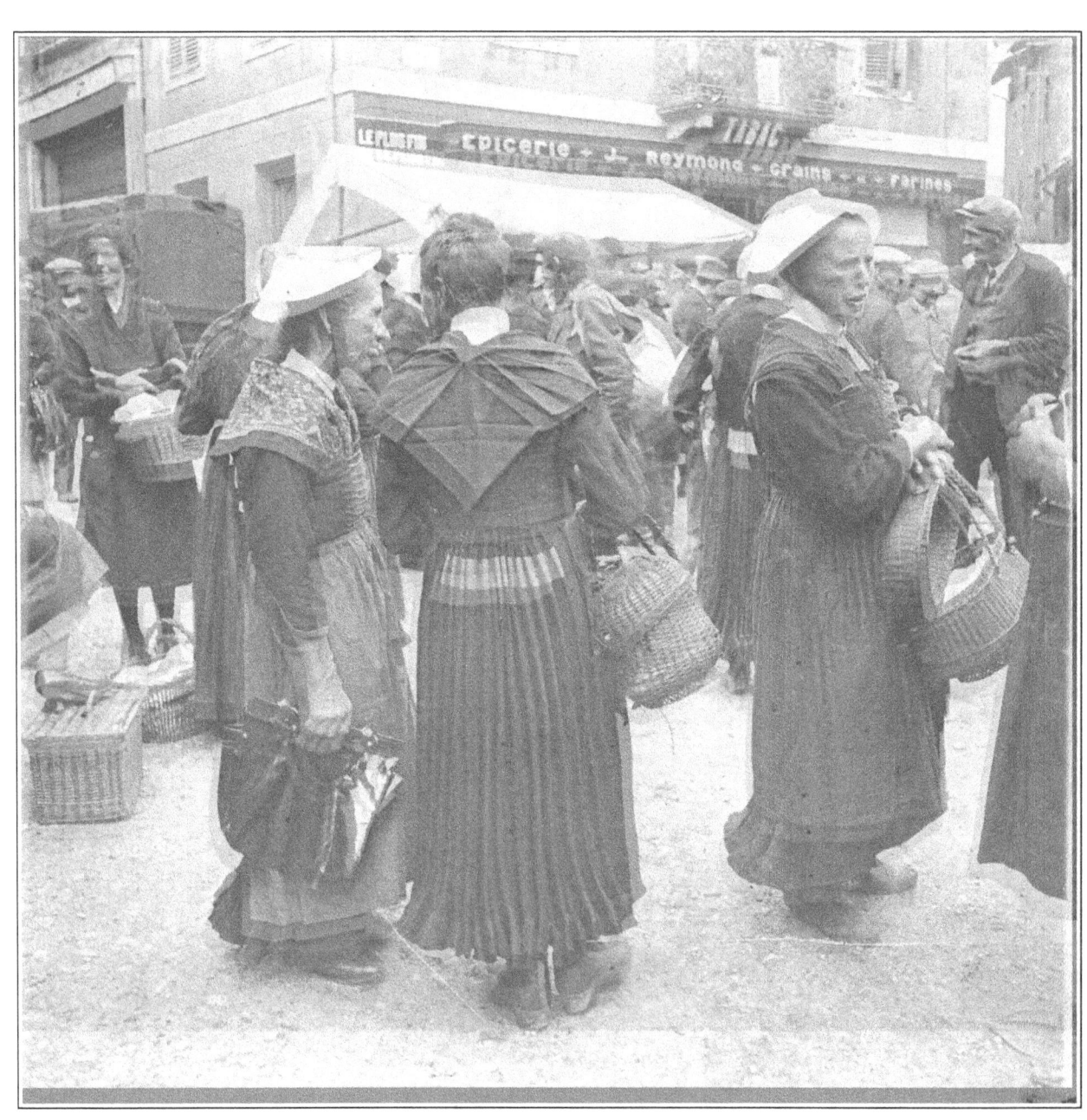

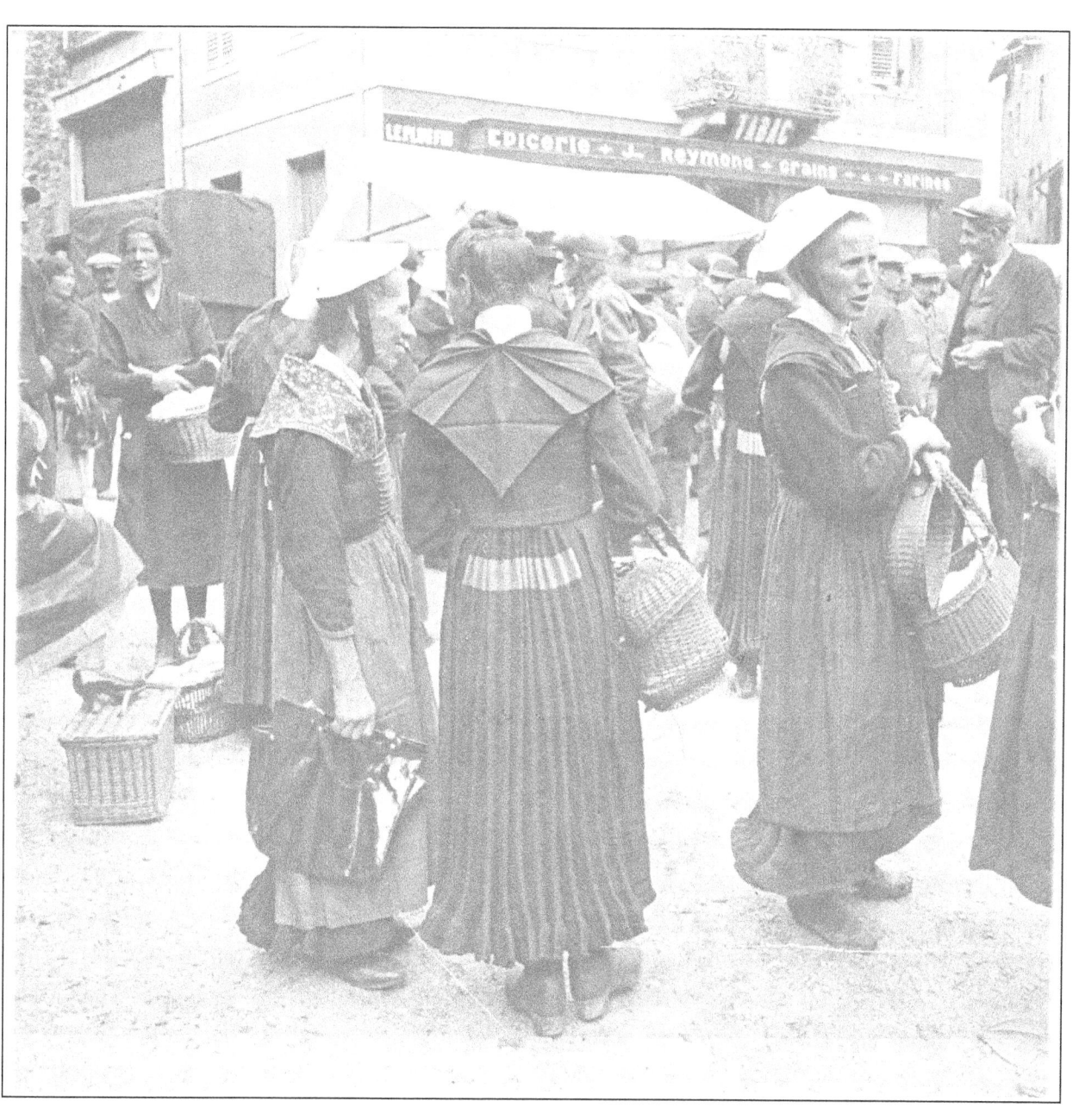

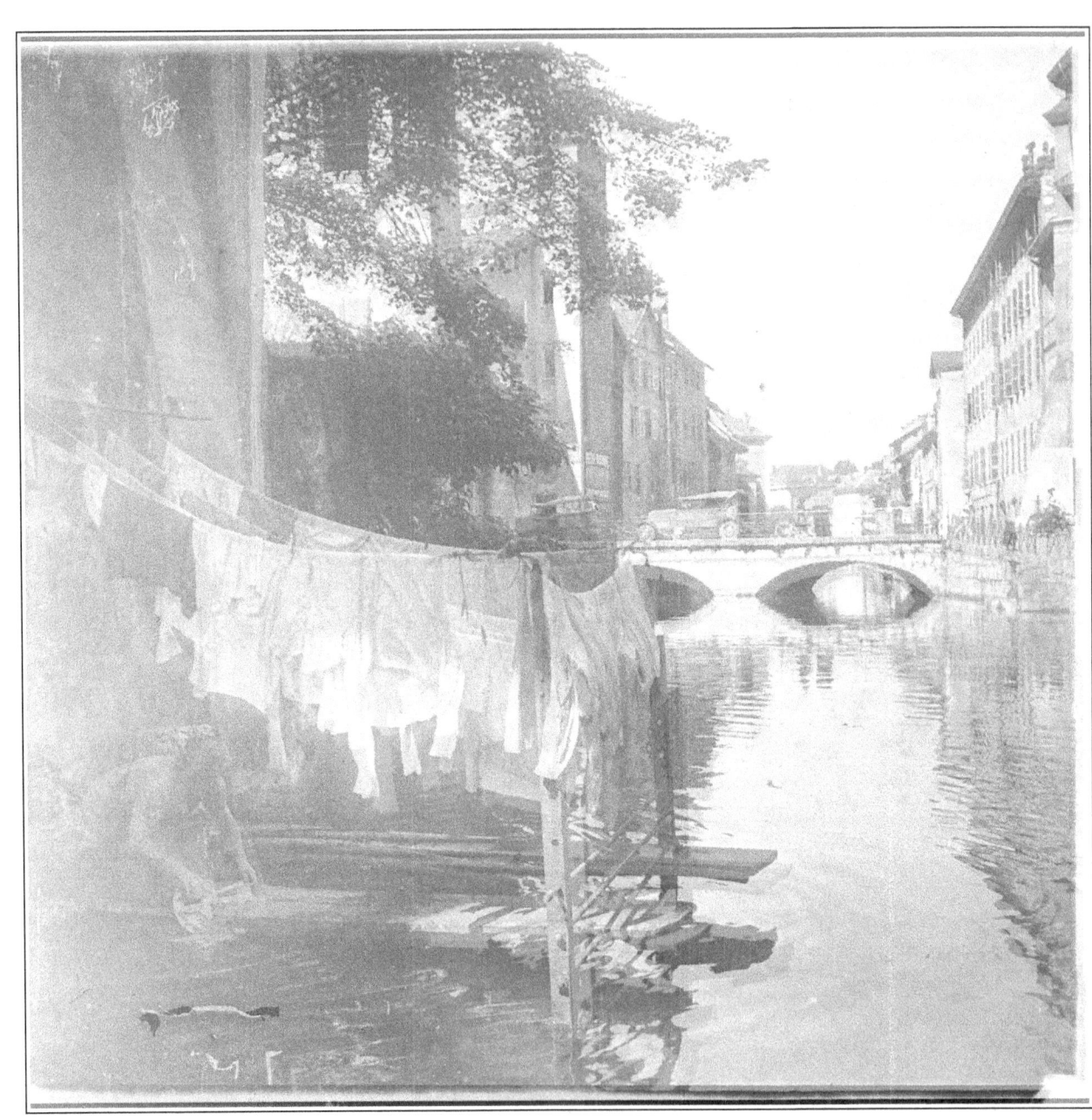

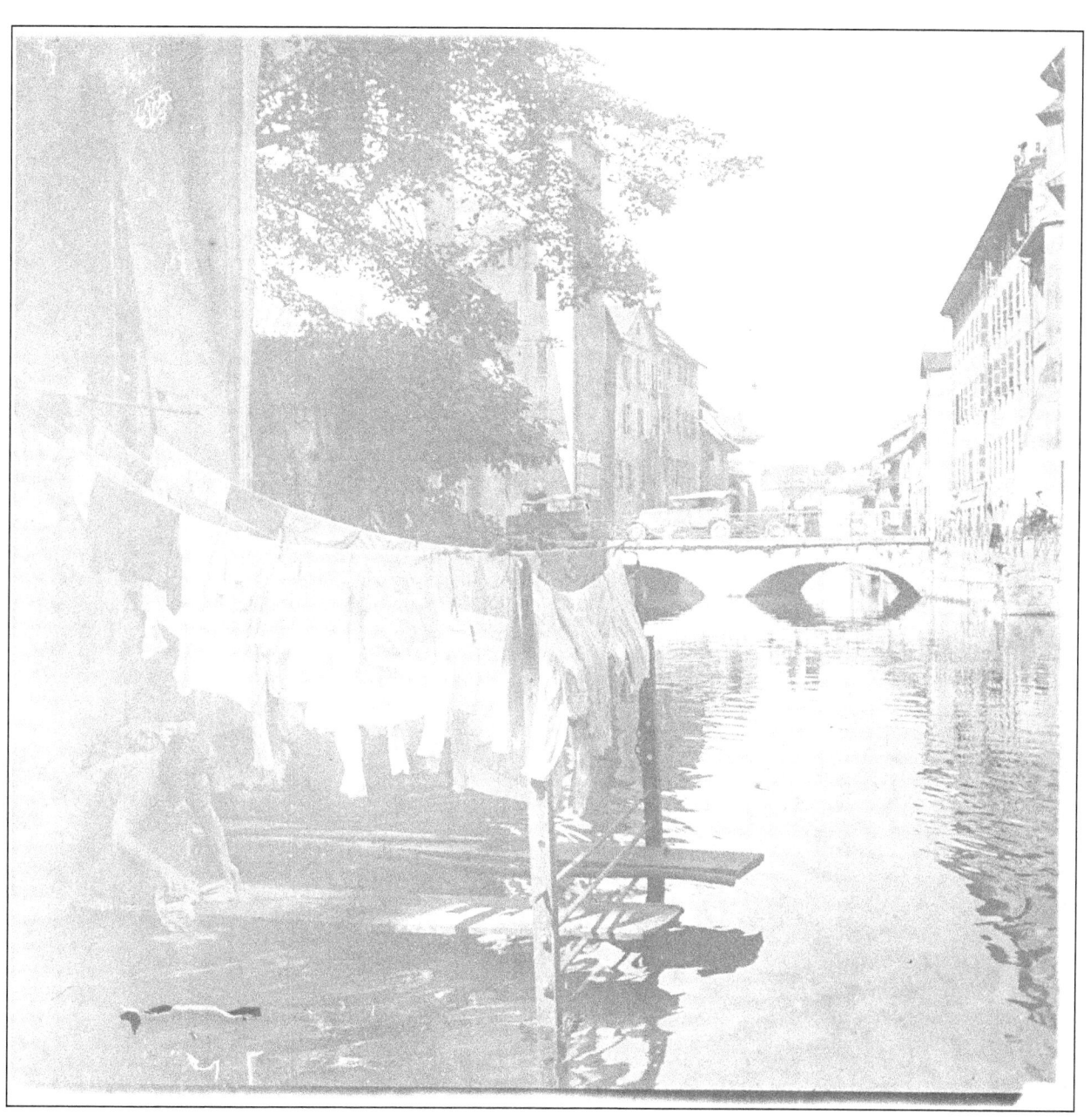

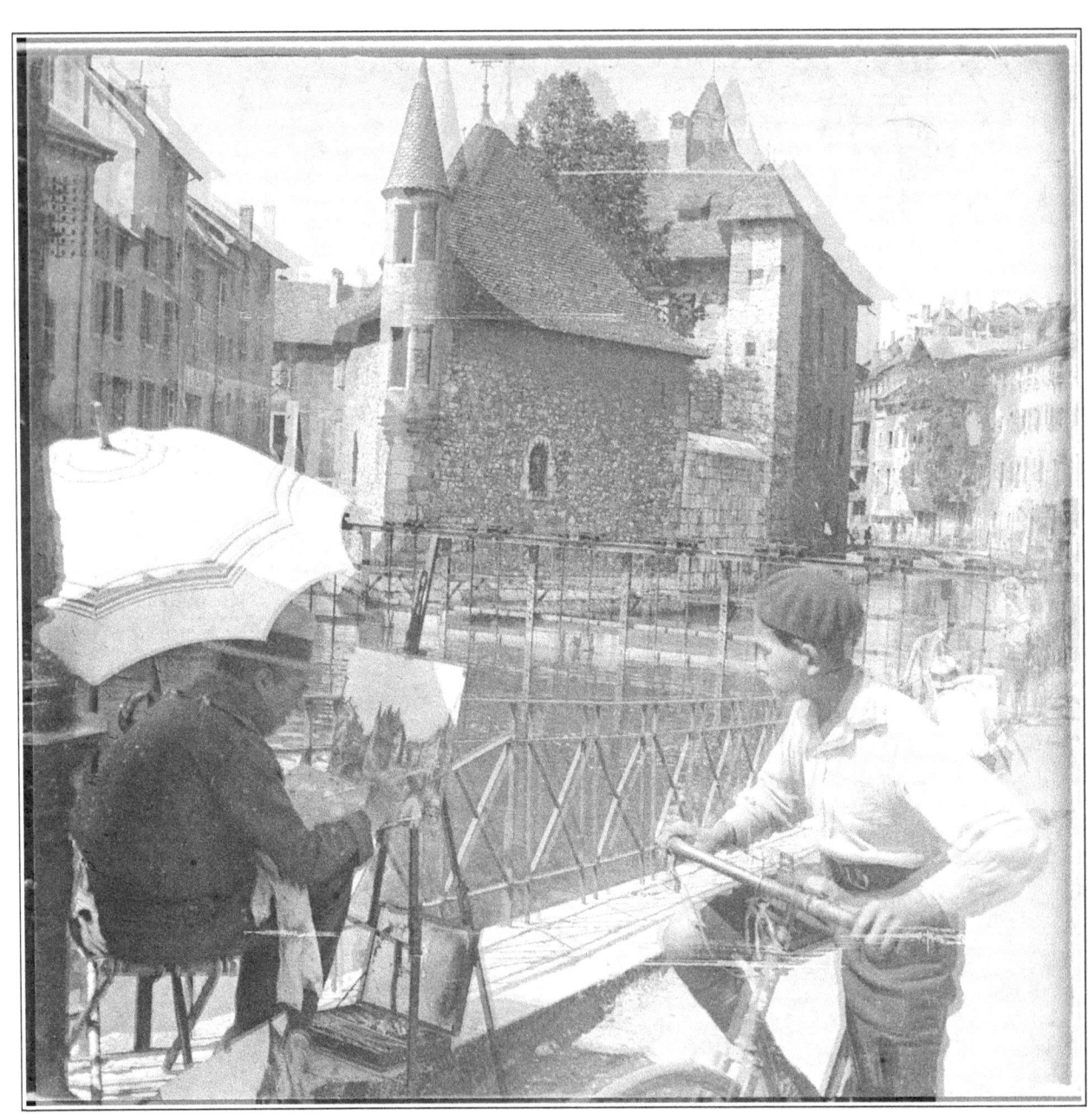

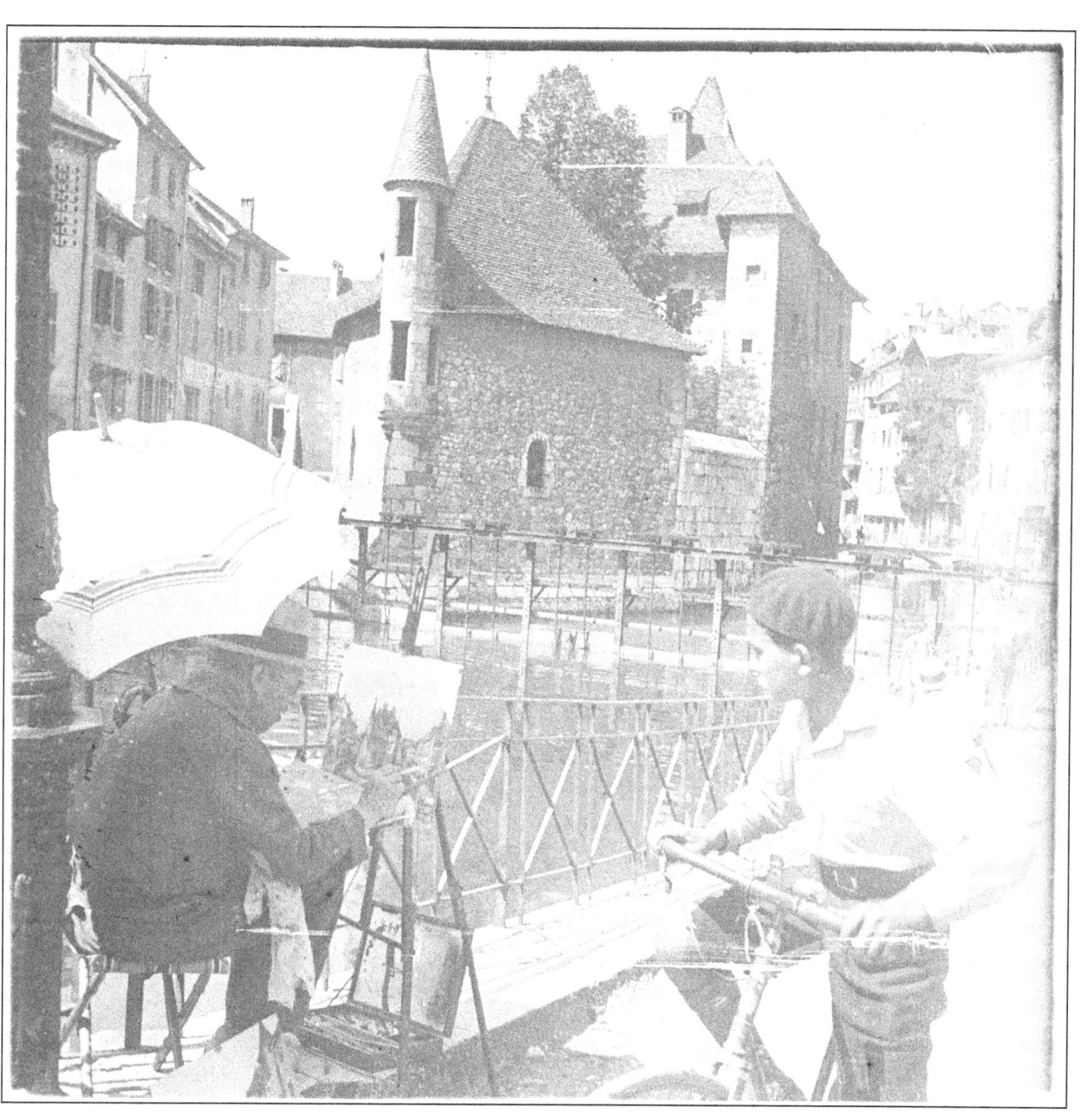

Merci à Jean-Michel Détrey, son neveu,
d'avoir numérisé et protégé
toutes ces plaques photographiques stéréos.

à suivre...

© 2018, Geneviève Fabregon, Jean-Marie Detrey

Éditeur : BoD – Books on Demand
12/14 rond-point des Champs Élysées, 75008 Paris, France
Impression : BoD – Books on Demand, Norderstedt, Allemagne

ISBN : 978-2-322-10055-2
Dépôt légal : janvier 2018

www.ingramcontent.com/pod-product-compliance
Lightning Source LLC
Chambersburg PA
CBHW082343220526
45470CB00008B/2621

Les plaques stéréos anaglyphes de Georges Détrey

Vol. 1 : boîtes Aa à Ak

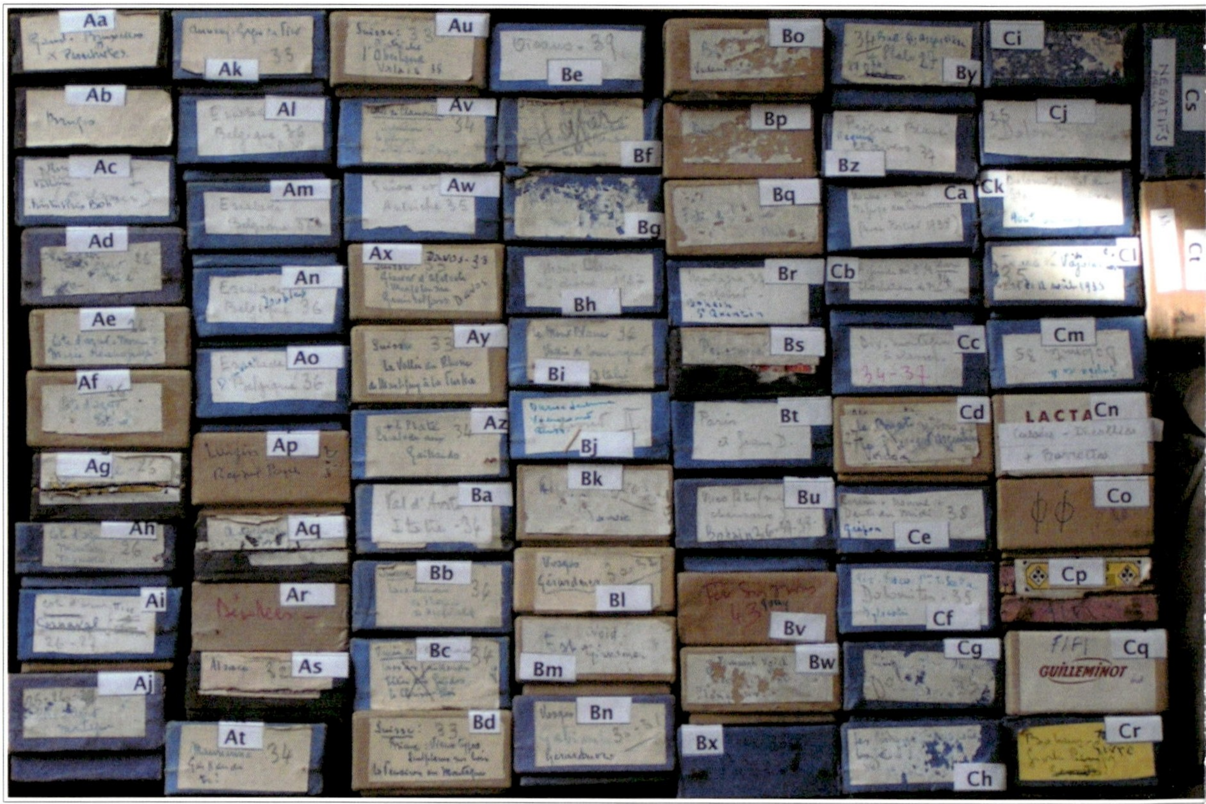

*Quelques unes extraites parmi des milliers
Merci Jean*

19,00 €